**SOLUÇÕES PERFEITAS
PARA EQUIPES IMPERFEITAS**

CIP-BRASIL. CATALOGAÇÃO NA FONTE
SINDICATO NACIONAL DOS EDITORES DE LIVROS, RJ

K42s

Kemp, Sid
  Soluções perfeitas para equipes imperfeitas : aprenda o que dizer e o que fazer para resolver conflitos, administrar egos e manter a equipe em harmonia / Sid Kemp ; tradução Carolina Caires Coelho. - Campinas, SP : Verus, 2009.

  Tradução de: Perfect Solutions for Difficult Employee Situations
  ISBN 978-85-7686-048-8

  1. Pessoal - Supervisão. I. Título.

09-0811   CDD: 658.3045
                                           CDU: 658.3

Sid Kemp

SOLUÇÕES PERFEITAS PARA EQUIPES IMPERFEITAS

Aprenda o que dizer e o que fazer para resolver conflitos, administrar egos e manter a equipe em harmonia

Tradução
Carolina Caires Coelho

VERUS
editora

Título original
Perfect Solutions for Difficult Employee Situations

Copidesque
Ana Paula Gomes

Revisão
Anna Carolina G. de Souza

Projeto gráfico
André S. Tavares da Silva

Copyright da edição original © 2005 by The McGraw-Hill Companies, Inc.
Todos os direitos reservados.

Copyright da edição em língua portuguesa © 2009 by Verus Editora
Todos os direitos reservados.

Direitos mundiais reservados, em língua portuguesa, por Verus Editora. Nenhuma parte desta obra pode ser reproduzida ou transmitida por qualquer forma e/ou quaisquer meios (eletrônico ou mecânico, incluindo fotocópia e gravação) ou arquivada em qualquer sistema ou banco de dados sem permissão escrita da editora.

VERUS EDITORA LTDA.
Av. Brasil, 1999, Jd. Chapadão
13070-178 - Campinas/SP - Brasil
Fone/Fax: (19) 4009-6868
verus@veruseditora.com.br
www.veruseditora.com.br

Ao meu pai, Bernie Kemp, que me deu muito apoio no início da minha carreira, quando eu tinha chefes que realmente precisavam ler este livro.

Agradecimentos

Muito obrigado aos membros da equipe da QTI, do passado e do presente, que vêm trabalhando comigo enquanto aprendo a ser um líder e um consultor em liderança – obrigado por tudo que vocês me ensinaram.

Agradecimentos especiais a Paul Romaine, que me ajudou com a pesquisa para este livro e é um modelo de excelência em liderança; a Jim Rooney, presidente da PeopleSmartTools e facilitador do The Read Group, de Brownwood, Texas, composto por pessoas gentis a ponto de me receber para um almoço especial e compartilhar comigo suas idéias, o que permitiu o aprimoramento deste trabalho; e a Kristin E. Robertson, da KR Consulting, pelo constante e carinhoso apoio e pela excelente apresentação que escreveu para esta obra.

SUMÁRIO

Apresentação – A influência do líder 11
Prefácio 15

Parte 1 – Estar presente 17
1. Enfrentando o dia 19
2. Dos desafios às soluções: analisando
   a vida de ambos os lados 25
3. Guia de sobrevivência do líder 29

Parte 2 – Situações difíceis 37
4. Questões envolvendo dinheiro 39
5. Quando o sexo entra no trabalho 48
6. Quando questões pessoais afetam o trabalho 59
7. Brincadeiras, críticas e desrespeito às regras 68
8. Problemas com funcionários novos 76
9. Problemas de horário e pontualidade 88
10. Problemas de atitude 96
11. Problemas entre gerações 103
12. Problemas de justiça 113
13. Raiva no trabalho 121
14. Medo no trabalho 129
15. Problemas de saúde 135
16. Fracasso do funcionário ou da empresa 144

17. Emergências 155
18. Violação das regras 162
19. Respeito 170

Parte 3 – Muito difícil de controlar 179
20. Quando procurar ajuda 181
21. Aprendendo a liderar 198

APRESENTAÇÃO

A INFLUÊNCIA DO LÍDER

Como gerentes e supervisores, não podemos contar apenas com nossos esforços para realizar as tarefas que precisam ser feitas. Na verdade, precisamos maximizar nossa influência sobre o desempenho dos funcionários para sermos eficientes e atingirmos os objetivos da equipe. Por causa dessa dinâmica diferente – de termos que realizar tarefas por meio do trabalho dos outros –, é essencial aperfeiçoar constantemente nossas habilidades de gerenciar e lidar com pessoas, para que a empresa tenha o máximo retorno de nossa equipe.

Existem duas verdades fundamentais a respeito da eficácia do gerenciamento:

O líder tem grande influência – e essa influência interfere na eficácia da equipe. O líder ou gerente cria a atmosfera do grupo. Sua atitude e sua abordagem em relação às pessoas são contagiosas – se refletem na equipe toda. Todos os seres humanos possuem um sistema emocional que nos permite perceber e ser afetados pelo estado emocional e pelo humor das pessoas à nossa volta. Esse é o mecanismo que permite que a mãe acalme o filho que chora, ou que faz com que uma risada contagie todas as pessoas que estão no mesmo ambiente. Por ocupar a posição de liderança, as atenções de todos os funcionários se voltam para você no momento de sua chegada ao trabalho. Eles se perguntam, em silêncio ou em voz alta: "Será que ele está de bom humor hoje? Por que está emburrado? Já vi tudo – ele está com aquela cara de quem vai colocar todos nós na fogueira hoje".

Seu humor dita o ritmo do grupo todo. Assim, você precisa estar atento às suas emoções e gerenciá-las bem, porque elas podem afetar a equipe rapidamente.

Recentemente, psicólogos divulgaram que uma melhora de 1% na atmosfera emocional gera aumento de 2% nos lucros. Sim, o líder estabelece o clima emocional da equipe inteira, o que influencia a eficácia do grupo e, por fim, a rentabilidade da empresa.

Funcionários entram em empresas, mas abandonam chefes. Sempre me surpreendo com a grande quantidade de histórias que confirmam esta máxima: funcionários entram em empresas, mas abandonam chefes. Independentemente de ser um gerente que descontou sua raiva em um funcionário ou humilhou um membro da equipe em público, o resultado imediato de um episódio negativo como esses são animosidade e sentimentos ruins direcionados ao líder. A produtividade dos indivíduos e do grupo como um todo fica comprometida, e o resultado final geralmente é um pedido de demissão por parte do funcionário. A pessoa que foi humilhada procura outro emprego por guardar sentimentos ruins em relação ao incidente, ou por causa de um padrão de incidentes parecidos que acabaram envenenando a relação. E os outros funcionários, ao ver o líder agir dessa maneira, também ficam mais propensos a sair da empresa. A conseqüência é a alta rotatividade de funcionários.

Mesmo em uma economia morosa, na qual seja relativamente fácil encontrar novos colaboradores, o custo de perder um bom funcionário é muito alto. Nenhuma empresa pode se dar ao luxo de perder talentos desnecessariamente.

Aprimorar as habilidades interpessoais e de gerenciamento é benéfico para o líder, que obterá melhor desempenho de sua equipe e, conseqüentemente, da empresa. Os resultados são mais produtividade e menos conflitos. Os exemplos e as idéias apresentados neste livro vão ajudar você a se tornar um líder melhor, a contribuir mais com a empresa e a progredir em sua carreira.

*Kristin Robertson**

---

* Consultora, professora e autora especializada em serviço ao cliente. Já ajudou muitas empresas, como 7-Eleven, Medtronic, Southwest Airlines, Blockbuster e Washington Mutual. Ministra palestras em conferências empresariais e escreve artigos para boletins *on-line* e revistas sobre negócios.

PREFÁCIO

Como usar este livro

Por diversão, você pode ir diretamente ao cerne deste livro e ver as situações difíceis da Parte 2. Mas, antes de testar com sua equipe as soluções propostas, leia a Parte 1, "Estar presente". Os primeiros três capítulos apresentam a atitude e o ponto de vista básicos que fazem com que as soluções propostas funcionem. Fiz questão de escrever capítulos curtos e diretos.

A Parte 2, "Situações difíceis", é repleta de situações problemáticas e soluções possíveis para elas. Cada solução é explicada de maneira clara e de fácil leitura, desta forma:

Um parágrafo de abertura, que descreve a situação problemática e suas variações.

A situação, em destaque

O roteiro, representado por uma frase em itálico. O roteiro abre um parágrafo no texto com explicações e alertas. O parágrafo pode conter algumas frases alternadas em itálico. *São os roteiros que o leitor pode usar.* Às vezes, há diretrizes ou processos adicionais que podem ser realizados com o membro da equipe que está passando pela situação específica. Amostras de diálogos possíveis aparecem entre aspas.

A Parte 3, "Muito difícil de controlar", aborda situações – e erros de gerenciamento – que podem ocasionar problemas que requerem a ajuda de um especialista em recursos humanos, consultoria jurídica ou um psicólogo. Não deixe de ler. Existem algumas situações que talvez você pense que o líder pode resolver, mas, se você tratar o assunto da maneira errada, a empresa pode ter problemas. Por exemplo: Você sabia que o odor corporal desagradável pode ser uma questão médica e que, se você não tiver cuidado, conversar sobre isso com um membro da equipe poderia acarretar um processo judicial?

Recursos especiais deste livro

Soluções perfeitas para equipes imperfeitas também traz histórias reais que demonstram como as soluções sugeridas foram eficazes.

Sobre a terminologia: As soluções aqui apresentadas se aplicam a qualquer ambiente de trabalho – escritório ou fábrica, empresas grandes ou pequenas, órgãos estaduais, educacionais, entidades sem fins lucrativos ou setor privado. Sendo assim, não há um termo-padrão para se referir aos funcionários. Sua empresa pode dizer "funcionário", "membro da equipe", "colaborador" ou alguma outra palavra. Neste livro, usamos os termos "membro da equipe" e "funcionário".

Como empresário, deparo-me diariamente com as situações aqui abordadas. Por isso, ao fazer recomendações, costumo dizer "nós, como líderes", e me refiro a você e a mim. Espero que você assuma com sua equipe a mesma postura de colaboração e orientação que assumo com a minha e com você.

Por fim, é muito ruim o fato de não termos um único pronome que signifique "ele ou ela". Apesar de usar "ele" e "dele" ao longo do texto, saiba que me refiro igualmente às mulheres – como líderes e como membros da equipe – e aos homens.

PARTE 1

ESTAR PRESENTE

Esta primeira parte oferece a perspectiva de soluções perfeitas, em que haja respeito pelo indivíduo e resolução do problema. A abordagem fundamental deste livro tem como base a cooperação. Respeitar cada membro da equipe significa colocar essa pessoa diante do volante – e ensiná-la a dirigir. A equipe é bem-sucedida quando cada um faz sua parte. Nosso trabalho é ajudar e incentivar todas as pessoas a estabelecerem seu objetivo e seguirem na direção certa. E, infelizmente, ser realistas quando alguém não consegue ou não quer trabalhar em equipe e nos ajudar a conquistar um objetivo comum.

Líderes também são seres humanos. Se não tomarmos conta de nós mesmos e não tivermos auto-respeito, ficaremos estressados, como qualquer um ficaria. Quando isso acontece, não conseguimos oferecer a solução perfeita. Por isso, o capítulo 1, "Enfrentando o dia", foi escrito para você – ele oferece as ferramentas de auto-renovação e foco que vão permitir que você esteja disponível para a equipe.

O capítulo 2, "Dos desafios às soluções", ensina o básico da arte de remodelar – ajustar a perspectiva e ajudar os outros a fazer o mesmo –, técnica essencial para muitas soluções. Às vezes, um problema parece grande porque estamos desanimados diante dele. Quando nos levantamos e o encaramos, ele se torna menor e mais controlável.

A Parte 1 termina com o capítulo 3, "Guia de sobrevivência do líder", que mostra o caminho para a solução perfeita. Tradicionalmente, as tragédias terminam em morte, e as comédias terminam com o problema resolvido e todos felizes. Se você vê cada situação difícil como o começo de um drama da vida real, então seu trabalho é dirigir e atuar nesse drama para torná-lo uma comédia – um conjunto de ações que resolve o problema e mantém a equipe unida. Para ir do problema à solução, é preciso passar por diversos passos com a equipe, assim como a comédia passa por diversas cenas para chegar ao final feliz.

1
ENFRENTANDO O DIA

Este capítulo aborda atitudes que qualquer líder pode tomar para se preparar para problemas embaraçosos e difíceis envolvendo funcionários, contratempos que aparecem de repente e se acumulam porque não queremos enfrentá-los.

Lembre-se: Você é importante

Nossa abordagem básica ao gerenciamento é "Importe-se com a pessoa, cuide do problema". E a primeira pessoa com quem você deve se importar é você mesmo. Não estou incentivando o egoísmo. Se você se sente bem – se tem energia, sua mente está clara, tem foco positivo –, então será um líder melhor. E terá mais capacidade de gerenciar situações difíceis.

Estudos sobre inteligência emocional demonstram que o realismo otimista é a maneira mais saudável e eficiente de encarar a vida. Qualquer pessoa do mundo dos negócios consegue compreender o valor do realismo – vale a pena ver as coisas como são e enfrentá-las. E qual é a justificativa para o otimismo? Simplesmente esta: pessoas são capazes de resolver problemas. São capazes de enfrentar situações difíceis e torná-las melhores. Essa é a base para acrescentar um pouco de otimismo ao nosso realismo.

Fisicamente, ficamos mais atentos e, conseqüentemente, mais eficazes quando estamos relaxados, descansados e sem dor. Se estamos cansados, funcionando à base de cafeína, ou somos totalmente sedentários, sentimos menos disposição para o trabalho. Uma situação difícil é como uma corrida de cem metros. Você está pronto para largar?

Cuide bem de você. E, se ainda não desenvolveu hábitos para fazer isso todos os dias, comece agora. Falo por experiência: é muito mais difícil adquirir esses hábitos mais tarde, depois que você estiver esgotado e tiver que recomeçar sua vida e sua carreira.

Concentre-se

Chamei esta primeira parte do livro de "Estar presente" porque a atenção total e concentrada é a primeira chave para o sucesso. O corredor só pensa na corrida. O artista foca total atenção no quadro que está pintando. O engenheiro ou arquiteto tem que se concentrar no trabalho sem interrupções. Está na hora de perceber que o mesmo deveria ocorrer com os gerentes e líderes. Quando temos um foco claro e único, lidamos bem com situações difíceis. E isso requer prática.

A melhor prática é começar todos os dias com um tempo para respirar, relaxar e se concentrar. Se você não consegue reservar um tempo para si, pode praticar enquanto dirige ou caminha do carro até o escritório.

O exercício mais simples é *parar, respirar, recomeçar*. Parar significa trazer a mente ao momento presente, parar de se preocupar com o futuro, com o passado ou com qualquer pessoa que não esteja aqui agora. Parar de pensar. Sem pensar, respiramos e sentimos nossa respiração. Faça isso agora mesmo. Pare de ler por um momento e respire três vezes, sentindo sua respiração. Em seguida, dê atenção à próxima frase.

Se estiver dirigindo, desligue o rádio. Observe a rua. Sinta seu corpo no banco, suas mãos no volante, seus pés nos pedais. Veja para onde está indo. Assim você não apenas está sendo um motorista mais cuidadoso como também está se preparando para o dia. Se estiver caminhando, observe o céu, as nuvens ou uma árvore.

Não importa em que você se concentra. O importante é aprender a se concentrar na situação atual, no que está bem à sua frente. Parece bobagem, mas isso requer prática. Depois de praticar durante alguns dias, você poderá comprovar a eficácia desse exercício. Ou você pode senti-la agora mesmo, por experiência própria.

1. Lembre-se de um momento em que você quis conversar com alguém sobre algo importante, mas a pessoa estava distraída e não o escutou de verdade. Como você se sentiu?
2. Lembre-se de outro momento em que você quis conversar com alguém sobre algo importante e a pessoa lhe deu total atenção e levou o que foi dito a sério. Como você se sentiu?
3. Como líder, você tem dezenas de oportunidades, todos os dias, de ser como a primeira ou como a segunda pessoa.
4. A lição: Se você quiser influenciar pessoas, esteja com elas, atento e presente, e leve a sério as opiniões delas. Assim, elas estarão muito mais propensas a reagir bem ao que você disser.

O chefe que não estava presente

Quando eu tinha pouco mais de 20 anos, tive um chefe que fazia reuniões semanais com todos os gerentes que ele supervisionava, individualmente, às quintas-feiras de manhã. Fui encontrar o chefe logo depois de ele ter se reunido com um cara de quem não gostava. O chefe parecia estar escutando o que eu dizia, mas estava distraído e irritado. A princípio, pensei que ele não gostava de mim, mas não havia percebido esse problema em nenhum outro momento. Até que me dei conta de que ele não estava me escutando de fato. Estava sendo movido pelas sensações vividas uma hora antes – reagindo emocionalmente ao gerente com quem tivera a reunião antes de mim enquanto permanecia sentado ali comigo.

Naquele momento, vi que eu não chegaria a lugar algum com aquele chefe. Se ele não conseguia se manter presente e me ouvir, como compreenderia o que eu estava dizendo ou daria atenção aos meus problemas ou meus sucessos? Pedi demissão pouco tempo depois.

A lição: Se você quiser manter bons membros na equipe e ajudar os funcionários mais fracos a melhorar, esteja presente para todos eles, a cada instante do dia.

Toda pessoa é um tesouro... com problemas

Às vezes, parece que a pessoa é o problema. Pense no funcionário que se reuniu com o chefe antes de mim na história relatada anteriormente. Tenho certeza de que, antes de toda reunião com aquele funcionário, o chefe pensava: *Ah, não. Ele de novo, não. Ele desafia minha autoridade toda vez que nos encontramos.* E, na maioria das vezes, ele tinha razão. O mais difícil de enxergar é o erro do líder – vemos aquilo em que nos concentramos.

Aprenda uma lição analisando a arte da jardinagem. Ervas daninhas e flores crescem da mesma maneira, mas, se cultivarmos as flores e arrancarmos as ervas daninhas, teremos um belo jardim. Cultive as flores – as habilidades e qualidades dos membros de sua equipe – com sua atenção. Encontre as ervas daninhas e permita que os membros da equipe as arranquem. É assim que cultivamos uma equipe altamente produtiva.

Todos nós temos características que são boas para o trabalho e outras que o atrapalham. Todos temos flores e ervas daninhas. *Toda pessoa é um tesouro – com problemas.* Ao nos concentrarmos no tesouro, lembramos do motivo pelo qual toleramos os problemas enquanto os membros da equipe trabalham para superá-los.

Seja um idealista prático

Dificilmente passo um mês inteiro sem que alguém me diga que sou um idealista. É verdade. Acredito, no fim das contas, na habilidade que as pessoas têm de superar suas dificuldades e mostrar dons maravilhosos.

Mas, no contexto dos negócios, o segredo às vezes é o "no fim das contas". Quando uma situação muito difícil surge, encaro a pergunta: Mesmo que essa pessoa consiga, no fim das contas, fazer um bom trabalho, vai conseguir fazer *este* trabalho a tempo? O resultado nem sempre pode esperar pelo desenvolvimento do potencial humano.

Trabalho com pessoas da maneira mais otimista que consigo, dentro dos limites de orçamento e de tempo do negócio.

Quais são os sinais de que vale a pena manter um funcionário durante uma situação difícil? Se ele tiver estas quatro qualidades, as coisas podem dar certo:

- disposição para resolver o problema e fazer um bom trabalho;
- clareza sobre o problema e o que tem que ser feito;
- total honestidade e disposição para discutir assuntos relevantes;
- habilidade de resolver o problema no prazo disponível.

Com esses quatro elementos, você terá a base do sucesso. Se esses são os ingredientes, as soluções perfeitas apresentadas neste livro são a receita. E cozinhamos assim:

1. Abordando a questão.
2. Escutando o membro da equipe e realizando uma conexão com ele.
3. Definindo a situação difícil.
4. Traçando um plano de ação, com passos claros a ser tomados, resultados a atingir e prazos a cumprir.
5. Garantindo que o membro da equipe siga o plano e gere os resultados esperados.

Resumidamente, esse é o processo todo. Você pode ver as soluções apresentadas na Parte 2 como uma maneira de lidar com todas essas questões.

Suba para respirar e mergulhe novamente

Ensinei você a começar o dia revigorado. Mas quanto tempo isso vai durar? Em um dia comum, cerca de dez minutos. Porém, ser um líder é bem parecido com ser um jogador de basquete. Cada jogada é importante durante a partida, mas, quando ela termina, acabou, não importa se você fez cesta ou não. Vá para o próximo lance. Pegue a bola. Arremesse. Comece de novo.

Vamos analisar a última instrução. Como começar de novo? Observe um jogador de basquete balançar a cabeça e respirar profundamente depois de cada jogada. Faça igual: pare, respire fundo algumas vezes, clareie as idéias e comece de novo.

Muitos dos clientes para os quais presto consultoria são terapeutas. Quando um terapeuta me procura, a primeira coisa que ensino a ele é o que fazer nos dez minutos entre as sessões. Você adivinhou se pensou "pare, respire, cuide de si e recomece". O maior presente que um terapeuta pode dar a seus pacientes é atenção e presença verdadeiras. Com isso, as pessoas geralmente se curam. Sem isso, nem mesmo as prescrições têm valor, porque é fácil demais prescrever o remédio errado.

Sempre dê a si mesmo a chance de respirar no mínimo três vezes – e alguns minutos, se puder – entre uma pessoa – um problema – e outra. Clareie sua mente, chacoalhe o corpo se precisar, pare, respire e recomece.

É como nadar no fundo do mar. Há pérolas para pegar, mas você precisa subir para respirar antes de voltar a mergulhar. Com a prática, você verá que consegue se manter revigorado e cheio de energia o dia todo.

2
DOS DESAFIOS ÀS SOLUÇÕES
Analisando a vida de ambos os lados

Às vezes, é seu modo de ver as coisas que torna a situação difícil. Ao assistir a um filme, não vemos a câmera, mas ela está sempre presente no estúdio de gravação. Os atores têm consciência disso, prestam atenção nela, trabalham com ela. A câmera foca a ação, mas os atores estão concentrados na câmera.

Da mesma maneira, ao analisar uma situação, você foca o problema, mas sua equipe pode estar concentrada em você. Você faz parte da cena, mas, se não vê e não entende o efeito de seu ponto de vista, este pode tornar a situação difícil. Se você sabe onde está, pode sair do caminho ou se mover um pouco, ver além da obstrução, enxergar a solução.

Este capítulo ensina a remodelar, uma técnica básica e rápida para lidar com velhos problemas de uma nova maneira. Existem outros termos para designar a remodelação, incluindo "quebrar paradigmas" e "ajustar a perspectiva". Independentemente do termo usado, é fácil fazer isso – e dá certo.

VEJA A SI MESMO

Antes de podermos ajustar a perspectiva, precisamos saber que perspectiva estamos utilizando. Para mim, o primeiro sinal de uma situação difícil geralmente é o fato de eu me sentir frustrado. Outros podem se sentir confusos ou simplesmente apagar a situação da memória. Se alguma dessas coisas acontecer com você, é uma boa idéia esclarecer tudo escrevendo respostas a estas perguntas:

- Qual é a situação? Sei o bastante a respeito do assunto para dizer qual é a situação?
- Quem está envolvido?
- Estou pensando que um membro da equipe é o problema, para que eu não tenha que me sentir parte dele?
- Estou pensando que eu sou o problema, que eu deveria ser capaz de cuidar disso mas não estou preparado para a tarefa?
- O que torna essa situação difícil de enfrentar? Ela é complicada? Não consigo ver solução? Ou vejo uma solução, mas não acredito que o membro da equipe possa alcançá-la?

Descubra onde você está e qual é a situação. Esse será o ponto de partida para a solução perfeita. Por exemplo, as situações a seguir podem parecer iguais à primeira vista, mas devem ser abordadas de modo diferente:

- Um funcionário costuma se atrasar porque tem um filho com problemas de saúde.
- Um funcionário costuma se atrasar. Você acredita que isso ocorra devido a um problema familiar, mas não tem certeza.
- Um funcionário costuma se atrasar, e você não sabe por quê.

Como você verá na Parte 2, cada uma dessas situações pede uma solução diferente – porque a solução perfeita começa onde estamos, não onde gostaríamos de estar. Um grande desafio para muitos líderes é admitir: *Não sei o bastante a respeito do que está acontecendo*. Sentimos que deveríamos saber, que faz parte de nosso trabalho. Vejo isso de maneira um pouco diferente: *Saber o que está acontecendo faz parte do meu trabalho. Por isso, se eu não souber, vou perguntar.* Isso é muito apropriado em situações que envolvem a vida pessoal, as atitudes, o estresse e os pontos de vista dos membros de nossa equipe. São coisas que não temos como saber – e talvez não devêssemos saber – até que elas se misturem com o trabalho. Começar de onde estamos às vezes significa estar dispostos a reconhecer que não sabemos e a nos abrir e aprender mais sobre uma situação.

Ajustando a perspectiva

A partir do momento em que sabemos qual é nossa perspectiva, podemos decidir se precisamos ajustá-la. Estamos prontos para trabalhar com o membro da equipe e encarar o problema? Se não – se ainda estivermos culpando alguém ou fazendo papel de vítima –, então precisamos ajustar a perspectiva antes de nos reunirmos com o funcionário.

O capítulo 3, "Guia de sobrevivência do líder", vai apresentar um processo e diversas técnicas para ajustar a perspectiva. Todas têm uma qualidade essencial: o ajuste tem que ser verdadeiro. Se eu sugerir que você mude as palavras que usa, não pode mudar apenas as palavras. É essencial mudar seu ponto de vista – pensamentos, sentimentos e opiniões – e também as palavras.

Você só pode quebrar paradigmas se souber quais são seus paradigmas. O diretor só pode pedir ao cinegrafista que mude de posição se der um passo atrás e vir que a câmera está no meio do caminho. É por isso que é importante usar a lista de perguntas apresentada anteriormente e anotar as respostas. Quando você der um passo atrás e notar qual é seu ponto de vista, ficará fácil mudá-lo. Se perceber que está culpando o membro da equipe, pare. Pare, respire, ajuste a perspectiva e recomece.

Mudando a situação

Quando você deixa de fazer parte do problema, torna-se parte da solução. Mas apenas parte dela. O funcionário que está envolvido na situação difícil sempre será o ator principal – o astro. Seu trabalho, então, é ser diretor, roteirista, instrutor. Ajude a pessoa a encontrar uma nova maneira de ver as coisas e um jeito diferente de agir que resolva o problema. Isso requer menos esforço do que fazer tudo sozinho. Mais importante ainda, isso fortalece a equipe, porque você estará ajudando as pessoas a realizar um bom trabalho e a resolver os próprios problemas, em vez de agir como um pai e tirar o trabalho das mãos delas sempre que houver um problema.

Assim como você, os membros de sua equipe precisam ver onde estão antes de mudar a abordagem. Você pode ajudar fazendo perguntas, compreendendo a situação e auxiliando-os a ver tudo sob uma nova luz. Depois, você pode traçar um plano para obter a solução e se manter ao lado deles enquanto cumprem o roteiro. O esforço em equipe com um plano claro é a solução para a maioria das situações difíceis. Algumas delas são ainda mais fáceis – você só precisa ajustar seu ponto de vista, dar risada e começar de novo.

3
GUIA DE SOBREVIVÊNCIA DO LÍDER

Este capítulo é muito mais do que um guia de sobrevivência. Ele ensina a técnica essencial para desenvolver um estilo de gerenciamento eficaz que fará você deixar de ser chefe e se tornar líder. Qual é a diferença? Chefes gerenciam o trabalho das pessoas. Líderes ensinam as pessoas a se autogerenciar e a trabalhar juntas na busca de objetivos comuns. A liderança é uma qualidade que mantém os membros da equipe fiéis ao chefe, para que possam ficar com a empresa – alcançando objetivos, reduzindo custos e melhorando resultados. Aprenda os passos apresentados neste capítulo e você terá mais chances de ser um astro, em vez de ser o chefe de um departamento constantemente visto como um problema, no qual os custos altos e a grande rotatividade de funcionários geram perdas sem fim.

Este capítulo ensina a abordagem que faz com que todas as soluções aqui apresentadas funcionem. Peço que preste bastante atenção e pratique os passos a seguir. Por quê? Porque *até mesmo uma solução perfeita precisa ser bem implantada. E o segredo para o bom resultado é ser verdadeiro. Esteja presente para os membros da equipe. Ao mesmo tempo, cuide do problema e resolva-o.*

Imagine que você foi ao melhor restaurante da cidade e pediu uma refeição perfeita – exatamente a que mais lhe apetecia aquele dia. Você vê o garçom se aproximando com a bandeja e sente uma expectativa agradável. Então ele derruba o prato no seu colo! A refeição perfeita

– porém mal entregue. É assim que as coisas serão para sua equipe se você tentar implementar as soluções deste livro sem reservar um tempo para se concentrar, para cuidar do funcionário, para se conectar com ele enquanto vocês enfrentam o problema juntos.

Siga estes sete passos e implemente a solução perfeita:

1. Comece sem entender.
2. Relaxe e concentre-se na pessoa, não no problema.
3. Escute e vá além.
4. Crie um ambiente sem culpas.
5. Use o sanduíche.
6. Decore o sanduíche.
7. Sirva a sobremesa.

Use esses passos para resolver o problema e fortalecer a equipe.

Comece sem entender

Às vezes, acreditamos saber exatamente qual é a situação. Sugiro duas coisas:

- Se você tem qualquer dúvida, por menor que seja, a respeito de seu entendimento da situação, pergunte. Qualquer coisa que o membro da equipe lhe conte vai esclarecer as circunstâncias e garantir que o processo se inicie da maneira certa.
- Mesmo que você entenda a situação perfeitamente, isso não é tão importante quanto fazer o funcionário compreendê-la. E as pessoas compreendem melhor algo dito por elas do que a mesma coisa dita por outrem. Além disso, escutar antes de falar é uma demonstração de respeito. Mesmo que você compreenda a situação, sugiro que peça ao funcionário que explique primeiro o ponto de vista dele. Se estiver correto, você pode confirmar. Se não, você pode di-

zer que compreende e então fazer a correção. De qualquer maneira, ao assumir a posição de não saber, escutando antes, você estabelece um relacionamento mais sólido com o funcionário e aumenta as chances de ele escutar o que você tem a dizer, tomar a decisão correta e se manter no que foi combinado.

Por esse motivo, você verá que muitas soluções começam com frases como "Conte-me o que aconteceu" ou "Quero conversar sobre...". Ao abrir a porta dessa maneira, permitimos que o membro da equipe relaxe e fique mais receptivo ao nosso ponto de vista e à nossa solução.

Relaxe e concentre-se na pessoa, não no problema

Imagine que você seja um técnico de atletismo e esteja treinando um corredor. Um dia você poderia correr com ele, falando sobre o estilo de corrida e a estratégia dele. Você relaxaria e correria ao lado dele, mantendo-se presente. Assim vocês poderiam conversar, se conectar – e seguir rumo a uma solução. Se você ficasse parado no ponto de partida, não poderia conversar com ele.

Lembre-se: a situação difícil – o problema – é onde você quer começar. E você quer seguir com o membro da equipe, deixar o problema para trás e se concentrar na solução. Se você se mantiver concentrado no problema, nunca deixará o ponto de partida. Por isso, concentre-se em estar com o funcionário. Desenvolva a solução com ele e o mantenha na direção certa.

Escute e vá além

Lembre-se de que a parte mais importante da solução é que o membro da equipe compreenda e se comprometa com o trabalho que fará com que ele atinja o objetivo. *Sua compreensão e seu comprometimento não são tão importantes, a menos que você os compartilhe com a equipe. Ela tem que carregar o peso e cruzar a linha final.* Você pode aumentar a compreensão e o comprometimento de sua equipe das seguintes maneiras:

- com sua clareza para compreender a solução;
- com sua empatia em relação a sentimentos de vergonha, medo, inadequação ou raiva;
- indicando passos simples a ser tomados;
- mostrando sua visão da solução;
- oferecendo sua presença e seu incentivo.

Muitas contribuições podem ser oferecidas em silêncio – o silêncio de escutar. Permita que o funcionário desenvolva sua própria compreensão. Depois, confirme, corrija se for preciso e guie. As pessoas se comprometem mais com os próprios planos.

Nos negócios, todos os planos devem ser escritos. Por isso, depois de escutar, escreva com ele um plano de ação – uma série de passos curtos, com datas de conclusão para cada um. Isso reduz a possibilidade de conflitos futuros, pois você guia e incentiva o membro da equipe rumo a uma solução bem-sucedida.

CRIE UM AMBIENTE SEM CULPAS

Soluções perfeitas fazem parte de uma abordagem mais ampla à liderança e ao gerenciamento. Um ponto de vista humano a respeito do gerenciamento acredita *no valor das pessoas e na resolução de problemas.* Uma chave para isso é compreender que a culpa não é útil, porque as pessoas não são o problema. Assim, incentivo meus clientes a construir um ambiente livre de culpas.

Nossa atitude em relação ao trabalho e à equipe cria o ambiente livre de culpas. Se nos concentrarmos na realidade do trabalho e nos resultados, e não nas personalidades e na culpa, daremos o primeiro passo. Como demonstrado na tabela a seguir, damos o segundo passo ao garantir que cada pessoa tenha o que precisa para realizar o trabalho, para que a responsabilidade seja acompanhada de autoridade, delegação de poder, capacidade, habilidades, conhecimento e recursos. Quando o ambiente de trabalho tem equilíbrio entre responsabilidade e delegação de poder, o trabalho de cada pessoa é realista e podemos nos concentrar na realidade e no sucesso, não na personalidade e na culpa.

Quando criamos esse equilíbrio, cada membro da equipe assume uma tarefa e tem o que é necessário para sua realização. Ao fazermos isso, o trabalho é realizado e os prazos são cumpridos. Se aparecem problemas, trabalhamos em conjunto para resolvê-los. Não há necessidade de procurar culpados quando algo dá errado.

A criação de um ambiente livre de culpas é um esforço constante da equipe – liderado por você. As pessoas cometem erros e entendem mal umas às outras. Somos parte desses erros e incompreensões. E também somos parte do bom trabalho e do sucesso, assim como todas as outras pessoas da equipe.

Ao tomar estes seis passos, você transformará sua empresa ou seu departamento em um ambiente produtivo e livre de culpas:

1. Reconheça que a culpa existe. Nós a criamos juntos e podemos trabalhar em conjunto para eliminá-la.
2. Reconheça que a culpa não melhora o resultado. Ela é como estática – interfere na comunicação, deixando as coisas mais lentas e atrapalhando a produtividade.
3. Comprometa-se com um ambiente que tenha como base o respeito e a premissa de que todos são adultos que querem realizar um bom trabalho.
4. Trabalhe com estrutura, usando a tabela a seguir, para criar e manter um ambiente livre de culpas.
5. Faça reuniões regulares e eficazes para entrega de relatórios, ajustes de direção e esclarecimentos.

6. Veja nos relatórios a oportunidade de conhecer a verdade, mesmo que as notícias sejam ruins.

Quando deixamos a culpa de lado, a equipe consegue se concentrar na realização do trabalho. Conseguimos eliminar os aspectos negativos de lidar com personalidades. Isso permite à equipe se concentrar nos verdadeiros dons da personalidade, nas qualidades únicas que cada membro da equipe soma ao trabalho, melhorando os resultados.

Visões do ambiente de trabalho: realidade *versus* personalidade

Ambiente com base na realidade	Ambiente com base na personalidade
Responsabilidade pelas ações e suas conseqüências	Culpa pelo fracasso
Responsabilidade pelos resultados	Reconhecimento pessoal
	Política (no sentido negativo da palavra)
	Fuga da responsabilidade
Apoiado e equilibrado por	Controle excessivo por parte do chefe, nos mínimos detalhes
Definição clara do trabalho	Negação
Autoridade	Manipulação
Delegação de poder	Raiva
Capacidade	Crítica
Habilidades e ferramentas	Desculpas
Conhecimento, informação e métodos	
Recursos, incluindo: • pessoas; • dinheiro; • sistemas de informação; • informação, incluindo *status* e especificações técnicas.	

Use o sanduíche

As pessoas costumam esperar acusações quando uma situação complicada aparece. Por isso, mesmo em um ambiente livre de culpas, precisamos dar notícias ruins – ou discutir situações difíceis – de maneira especial, que passe segurança. Chamo essa abordagem de "sanduíche". É muito simples: basta colocar a notícia ruim entre duas notícias boas.

Não é preciso inventar duas notícias boas. O sanduíche é muito mais fácil:

- A primeira boa notícia é: "Valorizo sua participação na equipe e sei que podemos resolver o problema".
- O recheio do sanduíche é a situação difícil.
- A segunda boa notícia é: "Vamos traçar um plano juntos e vou ajudá-lo a persistir para alcançar o sucesso".

O que fazer se o membro da equipe está em período de experiência ou se você não tem certeza de que ele consegue resolver o problema? Mude a primeira frase para: "Estou aqui para ajudá-lo a resolver isso e acredito que você consegue".

Decore o sanduíche

O que fazer se essa não é a primeira vez que a situação difícil ocorre com o mesmo funcionário? Faça como os restaurantes chiques: decore o sanduíche para conseguir atenção. Os restaurantes usam salsinha – você pode usar prazos. Seja muito claro a respeito do que precisa ser feito e quando precisa ser feito – independentemente de ser uma mudança de comportamento ou um trabalho – e se mantenha ao lado do membro da equipe ao solicitar uma mudança verdadeira. Você pode dizer: "O departamento [ou o projeto] precisa que isso esteja pronto em [data]".

SIRVA A SOBREMESA

Se – eu gostaria de dizer "quando" – o funcionário conseguir cumprir o proposto, mudando o hábito ou resolvendo a situação, uma real valorização deve ocorrer. Se a situação foi difícil para você, imagine para ele! Houve crescimento e aprendizado, além de bom trabalho. Valorize o trabalho e recompense o funcionário. Pode ser com algo pequeno, como um "muito obrigado", ou grande, como a chance de manter o emprego ou conseguir uma promoção. Seja qual for, reconheça o sucesso do membro da equipe e o ajude a avançar o próximo passo.

PARTE 2

SITUAÇÕES DIFÍCEIS

Cada capítulo desta parte oferece soluções para cerca de dez situações difíceis. Os assuntos variam de amor e sexo a respeito no escritório e como lidar com conflitos relacionados a dinheiro. O texto inclui a situação difícil, o roteiro para a solução e mais algumas recomendações. Acrescentamos algumas histórias reais para deixar claros os pontos principais do capítulo.

Se você estiver enfrentando uma situação complicada, pode ir ao capítulo correspondente e folhear as páginas para encontrar a situação e sua solução. Se estiver interessado em um assunto de modo geral, pode ler o capítulo todo. Cada capítulo é organizado com as situações mais simples antes e as mais difíceis depois.

Ao ler a situação, sinta-se livre para usá-la como quiser. Você pode segui-la ao pé da letra ou adaptá-la de acordo com as circunstâncias e a personalidade de seu funcionário. Adaptar a solução demonstra seu interesse sincero em ajudar o membro da equipe.

4
QUESTÕES ENVOLVENDO DINHEIRO

O que fazer quando um funcionário quer um aumento e merece, mas você não pode dar? E quando um funcionário quer um aumento, mas não merece? O que fazer quando um funcionário ganha mais que os outros e eles sentem inveja? E quando você tem que anunciar um corte de benefícios? Dinheiro é importante, mas o trabalho não envolve apenas dinheiro. Veja como neutralizar problemas financeiros envolvendo funcionários e como reagir a eles.

Um membro da equipe merece um aumento, mas isso não é possível

Nessa situação, um membro da equipe – por causa do bom trabalho que realiza ou por estar na empresa há bastante tempo – merece um aumento, mas a empresa congelou os salários ou simplesmente não tem dinheiro para pagar mais às pessoas no momento.

Não deixe de defender sua equipe. Se não houver um congelamento de salários ocorrendo, diga a seu superior ou ao departamento de recursos humanos que o funcionário merece um aumento. Mesmo que haja um congelamento, elogie o funcionário e tente conseguir uma declaração como "Se pudéssemos aumentar os salários agora, esse membro de sua equipe certamente seria um dos contemplados".

Então você estará pronto para conversar com o membro da equipe. "*Você merece um aumento, mas a empresa não pode dá-lo no momen-*

to." Escute a resposta. Se conseguir qualquer outra informação – por exemplo, quando o congelamento vai terminar ou se os aumentos anuais serão retroativos –, não deixe de passá-la adiante. Pergunte ao funcionário se há alguma outra coisa que você possa fazer – que esteja em seu poder – para que ele tenha seu valor reconhecido perante a equipe e a empresa.

Um membro da equipe não merece um aumento, mas acredita merecer

"*Seu trabalho tem valor, mas não concordamos a respeito de um aumento salarial.*" Depois disso, detenha-se nos pontos específicos. Escute o que o membro da equipe tem a dizer e reconheça o que ele fez bem. Se a vaga tiver uma descrição de tarefas clara, mensurável e atualizada, compare o desempenho dele com essa descrição e diga o que ele precisa fazer para merecer um aumento. Inclua o elogio a um trabalho bem-feito, dizendo: "*Continue fazendo isso dessa maneira, você é bom nisso*". Acrescente outros pontos específicos, dizendo: "*Para conseguir um aumento, você também precisa fazer isso*".

Defina um período de avaliação e faça uma reunião para avaliar o trabalho do funcionário ao final desse período. Deixe os critérios de avaliação bem claros e objetivos. E certifique-se de que você terá autoridade para dar o aumento quando ele fizer por merecer.

Não precisa esperar o final do período para avaliar o desempenho. Um bom líder se reúne semanal ou mensalmente com a equipe para manter todos na direção correta.

Esse registro de horas extras – ou relatório de gastos – não parece estar certo

Você acredita que um funcionário colocou informações falsas ou imprecisas no registro de horas extras ou no relatório de gastos.

Antes de qualquer coisa, avalie a seriedade do problema:

- Cheque vários registros de horas extras ou relatórios de gastos para ver se é um problema que ocorreu apenas uma vez ou se é constante.
- Use o bom senso para avaliar se a informação errada foi escrita sem intenção ou propositalmente.
- Avalie seu grau de certeza de que a informação está mesmo incorreta.

Se você suspeitar de falsificação constante de registros, trata-se de fraude. Converse com o departamento de recursos humanos ou jurídico antes de falar com o funcionário.

Se achar que se trata de erro ou de uma tentativa isolada do funcionário de obter alguma vantagem, encare o assunto como mero erro. "*Este registro de horas extras – ou relatório de gastos – não parece correto*". Peça que ele explique os dados a você detalhadamente. Se ele corrigir o erro ou admitir o problema, diga: "*Obrigado. Por favor, procure ser mais cuidadoso da próxima vez*". Assim, se foi um erro, o funcionário passará a ter mais atenção. Se foi proposital, ele saberá que você está de olho.

Outros problemas podem surgir. Talvez o relatório de gastos esteja correto, mas um limite tenha sido excedido. Nesse caso, trabalhando com o funcionário ou com um assistente, redija instruções e regras claras a respeito do preenchimento de registros de horas extras e relatórios de gastos e passe uma cópia a todos da equipe.

Um funcionário pede um adiantamento

De modo geral, adiantamentos não são uma boa idéia. Saiba os motivos:

- Eles misturam a essência de um negócio – dinheiro – com a vida pessoal e a situação financeira do funcionário.
- Por mais que você tenha certeza de que ele está dizendo a verdade, pode ser que não se trate de toda a verdade.
- Se um imprevisto acontecer e o funcionário não puder devolver o dinheiro, você terá um grande problema.

Por isso, dê um adiantamento apenas se:

- o funcionário já tiver feito o trabalho que mereça o adiantamento;
- se tratar claramente de uma situação única e excepcional;
- a quantia for pequena e puder ser descontada do próximo pagamento.

Exemplo: Um adiantamento justificável

Digamos que um funcionário receba o salário todo quinto dia útil. Uma semana depois do dia do pagamento, ele diz a você que a carteira dele, com muito dinheiro e todos os cartões de crédito, foi roubada. Ele lhe mostra o boletim de ocorrência.

Nesse caso, faria sentido dar ao funcionário o equivalente ao salário de uma semana, como um adiantamento a ser descontado do próximo pagamento.

Anunciando cortes e congelamentos de salário

A empresa decidiu que não pode dar aumentos que já estavam planejados ou até que será preciso diminuir comissões e participações. Infelizmente, é sua obrigação contar à equipe.

Se todos forem afetados mais ou menos da mesma maneira, reúna a equipe toda de uma vez. Se apenas algumas pessoas forem afetadas, converse com cada uma delas individualmente, mas se reúna com elas uma depois da outra, de modo que não haja tempo de os rumores se espalharem.

Há três coisas que você pode fazer para se preparar:

- *Avalie sua situação em primeiro lugar.* Você será afetado pelo corte? Se não for o caso, pode mostrar algo que esteja fazendo – como trabalhar horas extras sem compensação – para ajudar a empresa a atravessar a crise?
- *Explique bem a situação.* Quanto mais todos compreenderem o que está ocorrendo, menos probabilidade de haver reclamações, como pessoas dizendo que a empresa está bem das pernas, porém sendo mesquinha. Além disso, os funcionários certamente vão querer saber de quanto será o corte e quanto tempo a situação vai durar.
- *Avalie a situação.* Você teve participação na decisão? Concorda com ela? Existe um histórico de conflitos entre a gerência e os funcionários que poderia explodir?

"*A empresa está passando por um momento difícil, e todos precisamos abrir mão de alguma coisa.*" Depois, exponha os fatos e as conseqüências. Em seguida, escute. Escutando os funcionários de modo interessado e ativo, ajude-os a analisar as conseqüências na vida deles. Fique ao lado deles, mas não se posicione contra a empresa. Se um membro da equipe for hostil em relação à companhia, incentive uma abordagem mais positiva: "*É melhor andar para a frente do que ficar parado reclamando*".

No entanto, se você não estiver convencido de que a empresa está sendo justa, provavelmente é melhor ser honesto a respeito disso: "*Não concordo totalmente com a decisão, mas, neste departamento, somos uma equipe e vamos enfrentar isso juntos*".

Exemplo: Os cortes aproximaram a equipe

Um de meus clientes está atravessando com sua empresa um período muito difícil, que já dura anos. Depois que um dos sócios deixou a companhia, ele tentou unir a equipe, mas as lembranças de dificuldades e conflitos deixaram todos hesitantes. Mudanças na indústria reduziram drasticamente o faturamento, e o dono precisou reduzir comissões para manter a empresa no mercado. Por meses ele tentou fazer a equipe compreender como as coisas estavam ruins, mas ninguém o escutou.

Ele percebeu que precisava colocar um dos funcionários para trabalhar somente meio período e cortar 20% da comissão de todos os outros. Ele me telefonou e conversamos sobre o que ele deveria dizer à equipe. Sugeri que apresentasse todos os fatos que estava enfrentando e em seguida expusesse suas opções: ele poderia fechar a empresa ou fazer essas drásticas reduções. Ele disse que queria continuar com a empresa e manter a equipe com ele.

E foi o que aconteceu. Ao ver seu pagamento ser afetado, a equipe finalmente compreendeu a mensagem. Todos aceitaram os cortes e se tornaram mais concentrados e produtivos, trabalhando para salvar a empresa.

Anunciando demissões

Às vezes, é preciso abrir mão de alguns funcionários. O motivo pode ser o fim de um projeto ou a redução da empresa. Talvez tenhamos tomado a decisão ou participado dela. Tudo fica ainda mais difícil quando escolhemos quem deve ser demitido. Mas em nenhum caso as coisas são fáceis.

Comece dizendo: *"A empresa precisa dispensar você"*. Depois fale os motivos, para deixar claro que não é nada pessoal. Alguns exemplos:

- Algumas pessoas precisaram ser dispensadas e você tem menos tempo de casa.
- O projeto no qual você estava trabalhando foi cancelado.

Esteja preparado para explicar os detalhes da demissão, como o último dia de trabalho, o último pagamento, ou peça ao membro da equipe que procure o departamento de recursos humanos. Se diversas pessoas forem demitidas, converse a sós com cada uma delas, mas faça uma festa de despedida para todas.

É igualmente importante conversar com os funcionários que vão permanecer. Se você tiver certeza de que não vão ocorrer mais demissões durante um tempo, diga isso a eles. As pessoas não conseguem trabalhar bem quando ficam na expectativa de haver cortes de pessoal. Se você não souber o que vai acontecer, concentre-se no que a equipe pode fazer e prometa manter todos informados. Cumpra o prometido, mesmo que seja preciso chamar todos ao mesmo tempo só para dizer que não há novidades. Quando uma empresa está reduzindo o quadro de funcionários, o fato de não haver notícias é uma boa notícia – desde que você permita que todos saibam que não há novidades.

Exemplo: Uma demissão com tato

Quando me formei e a taxa de desemprego era de mais de 10%, trabalhei temporariamente como digitador. Um dos trabalhos exigia a rápida adição de dados em um complicado sistema de recebimento de contas. Não tive o treinamento correto e não consegui desempenhar a função. No fim da primeira semana, o gerente me disse que aquele seria meu último dia.

Eu contava com aquele trabalho para ter dinheiro para visitar meus pais. Saí para o almoço e chorei. O gerente saiu, sentou-se ao meu lado e escutou o que eu tinha a dizer. Disse que não havia nada de errado comigo – as outras pessoas vinham fazendo aquele trabalho havia anos.

Agora, mais de vinte anos depois, ainda me lembro da gentileza dele. Você é o tipo de líder de quem os funcionários vão se lembrar daqui a vinte anos?

Anunciando mudanças nos benefícios

Mudanças em planos médicos, de aposentadoria e em outros itens do pacote de benefícios são extremamente complicadas. Podem incluir um aumento no custo total, um aumento no custo para o funcionário e/ou mudanças em quem pode ser incluído no plano e que benefícios médicos são permitidos. A maneira como a mudança afeta cada pessoa depende do tamanho da família de cada uma e de muitos outros fatores.

Esse não é seu território. Se sua empresa tem um departamento de recursos humanos, peça que os membros da equipe o procurem diretamente. Se não for o caso, contrate um consultor de RH ou peça a um representante do plano de benefícios que realize uma reunião com a equipe. Reserve tempo para perguntas individuais e ajude a equipe no que puder. Uma boa introdução pode ser: "*Esta é uma grande mudança e eu não a compreendo muito mais do que vocês. Não quero cometer erros. Por que vocês não conversam com [nome da pessoa responsável]?*"

"Ele ganha mais que eu"

Às vezes, um membro da equipe pode reclamar sobre o que parece ser uma situação injusta a respeito do pagamento ou de benefícios.

É importante começar com a política da empresa. Em algumas organizações, como nos órgãos estatais, o pagamento é um assunto de registro público. Em outras, é tratado confidencialmente. E muitas empresas usam o meio-termo.

Se a política da empresa é manter absoluta confidencialidade e não discutir esses assuntos, diga: "*É uma pena que você tenha sabido sobre isso, mas não podemos discutir esse assunto*". Você pode continuar dizendo: "Como o pagamento é assunto confidencial, não tenho informações o bastante para discutir isso com você, e de qualquer forma não posso falar sobre isso. Mas posso conversar sobre seu salário. À parte o que ficou sabendo sobre o outro membro da equipe, você acha que seu pagamento é justo pelo trabalho que desempenha?"

Se o assunto puder ser discutido abertamente, diga: "*Existem muitas coisas que são levadas em conta na hora de decidir o salário de alguém.*

Vamos analisar a situação e ver o que está acontecendo". Às vezes é uma questão de tempo de casa, experiência ou formação, negociação inicial de salário ou algum aspecto da descrição do cargo. Mostre ao funcionário as complexidades da situação, depois o leve de volta à situação dele – o que ele pode fazer para merecer um aumento?

Às vezes é preciso aplicar essa atitude consigo mesmo. Os líderes de vez em quando descobrem que as pessoas de sua equipe – principalmente vendedores comissionados e especialistas técnicos – ganham mais que eles. Lembre-se: *Justiça não tem a ver com comparação, e sim com o benefício de cada um. Não pergunte "Quanto ele ganha?", mas "Estou ganhando o que quero?"*.

5

QUANDO O SEXO ENTRA NO TRABALHO

Os seres humanos são como são e, se não gostássemos de sexo, não existiríamos há três milhões de anos. Mas sexo e romance no ambiente de trabalho podem criar grandes problemas. Na melhor das hipóteses, o sexo tira a concentração do trabalho. Na pior, o assédio sexual leva a processos onerosos. E o líder deve proteger a empresa.

Esteja ciente das políticas da companhia a respeito de relacionamentos pessoais. Algumas não permitem que eles existam, outras não têm regras. Em geral há uma variação, desde não admitir relacionamentos entre chefes e seus subordinados diretos até não permitir nenhum tipo de contato mais íntimo dentro do escritório.

Independentemente das regras, seu dever é respeitar a vida privada de seus funcionários e garantir que no escritório as pessoas trabalhem e não permitam que assuntos pessoais – sejam eles bons ou ruins – entrem no caminho.

Está ficando meio quente aqui dentro

Você desconfia – ou tem certeza – de que duas pessoas de sua equipe estão interessadas uma na outra ou começando um relacionamento. Talvez faltem provas, ou talvez tudo esteja bem claro. De qualquer modo, procure conversar com cada uma delas separadamente, e não uma em seguida da outra.

"*As coisas estão ficando meio quentes aqui.*" Então diga: "Parece" ou "Está bem claro que você e [nome da outra pessoa] estão começando um relacionamento. Quero conversar com os dois separadamente".

Se houver regras na empresa, informe quais são. Comece com uma frase do tipo: "Não sei se você sabe...", em vez de dizer que a pessoa deveria conhecer as regras ou de já assumir que ela não as conhece.

Independentemente de existirem regras ou não, concentre-se no comportamento específico e no efeito que ele tem sobre o trabalho. Seja claro se estiver preocupado com o trabalho da pessoa ou com o de outros membros da equipe. Ajude-a a compreender as conseqüências da situação e as necessidades da empresa. Depois, permita que o envolvido decida que caminho tomar para garantir que a vida pessoal não interfira no trabalho.

Veja algumas situações específicas que podem surgir:

- O casal mantém conversas pessoais, e até discussões, que tiram a concentração dos outros funcionários.
- O casal compartilha detalhes íntimos, histórias de seus encontros e/ou troca bilhetes, de maneiras que criam um ambiente desconfortável ou inadequado no trabalho.
- Os dois envolvidos desaparecem no meio do expediente para resolver problemas pessoais ou para ficar juntos.

Ajude o casal a compreender que esses comportamentos são constrangedores para os outros e interferem no trabalho. Estabeleça um prazo para a mudança de comportamento com a qual o casal concorde e, posteriormente, reúna-se com eles – individualmente ou juntos, como eles preferirem – para dizer se a solução foi eficiente ou se é necessário tomar alguma outra atitude.

Nada de sexo no escritório

Um casal foi flagrado "fazendo aquilo" na empresa. Não interessa se são duas pessoas de sexos opostos ou do mesmo sexo, se foi durante ou depois do expediente. Seu desafio é ajudar todos a se livrarem de uma situação extremamente embaraçosa, e o humor é a saída.

"*Nada de sexo no escritório.*" Diga isso como se impusesse uma regra, porém sorria. Se todo mundo souber o que houve, converse com os envolvidos ao mesmo tempo; caso contrário, fale com cada um separadamente. Diga que, ainda que tenha sido a única vez que aconteceu, terá que ter sido a última. Deixe claro que isso não pode ocorrer nem mesmo depois do expediente, tampouco no estacionamento da empresa. A partir de agora, eles devem manter a vida pessoal distante do trabalho.

Se eles se mostrarem envergonhados e receptivos, não há necessidade de falar sobre as conseqüências. Se você não tiver certeza de que eles estão levando a situação a sério, exponha as conseqüências e diga o que vai acontecer se o problema se repetir.

No improvável caso de a resposta deles for algo como: "Não somos os únicos a fazer isso aqui", diga: "Obrigado por me contar. Vou tomar providências para que todos conheçam as regras".

Ao se concentrar no presente e no futuro, você dá a chance de os funcionários se livrarem do constrangimento. Pode ser apropriado se reunir com a pessoa ou pessoas que flagraram o casal, dizer que você conversou com os envolvidos e escutar o que elas têm a dizer.

"Você está interessado, mas ela não está"

Um membro da equipe diz a você que outro funcionário tem demonstrado interesse em ter um relacionamento amoroso ou sexual, mas que não existe reciprocidade. O primeiro pede a você que converse com o segundo, e você concorda.

"*[Nome do funcionário] me pediu para dizer a você que não está interessado em suas investidas.*" A pessoa com quem você está falando pode dizer que nunca teve a intenção de demonstrar interesse. Diga: "*Que bom saber disso. Agora que você sabe que está sendo mal interpretado, por favor peça desculpas e tome cuidado para não passar a mesma impressão novamente*".

Se a pessoa não quiser acreditar que não existe reciprocidade, diga: "*Ele deixou bem claro. Por isso pediu que eu conversasse com você*".

Em seguida, comece a falar das implicações no trabalho: "*Quero que todos os membros da minha equipe se sintam à vontade, para que possamos nos concentrar no trabalho e trabalhar unidos*". Isso provavelmente vai bastar. Mas, se não der certo, o próximo passo é dizer: "*O que você está fazendo poderia ser visto como assédio sexual, e isso seria um grande problema para todos nós*".

Em alguns casos, o membro da equipe pode compreender a situação, mas não saber o que está fazendo para a outra pessoa pensar que se trata de uma investida. Nesse caso, diga ao funcionário: "*Fale apenas sobre trabalho e tome o cuidado de não tocá-la(o)*".

"Meu colega não me deixa em paz"

Ao ouvir uma frase como essa dita por um membro da equipe, você percebe que a pessoa está se sentindo pressionada, talvez até perseguida pela atenção do colega de trabalho. Pode ser que a outra pessoa não aceite "não" como resposta, ou que ambas tenham tido um relacionamento no passado e ainda existam sentimentos não resolvidos, ou que o comportamento da outra pessoa seja, por motivos culturais ou de outra natureza, ofensivo ao membro da equipe que está fazendo a reclamação.

"*O que ele está fazendo?*" é uma boa pergunta para começar. Tenha uma noção clara das palavras ou das atitudes que causam o desconforto, com que freqüência e onde acontece. "*Você já pediu a ele que pa-*

re com isso?" é uma boa pergunta a ser feita a seguir. Às vezes as pessoas acreditam que deixaram o "não" bem claro, mas nem sempre é o que acontece. Faça o que puder para que o funcionário incomodado descubra isso por si mesmo. Se não der certo, veja a seção anterior, "Você está interessado, mas ela não está".

Ao conversar com o membro da equipe que está fazendo a reclamação, tente compreender a seriedade da situação ou o tamanho do desconforto causado. Ele enxerga a atitude do colega como assédio sexual? E você? Se ele não pensar nisso, mas você sim, não diga nada. Mas fale algo como: *"[Nome do outro funcionário] está passando dos limites. Vou conversar com ele para que pare"*.

Seja cuidadoso em relação a outras três situações possíveis:

- As reclamações podem ser feitas de ambos os lados. Se as duas pessoas estiverem brigando ou se estranhando, ambas podem se sentir assediadas.
- A pessoa pode estar reclamando de um assédio sexual de fato. Nesse caso, procure ajuda com o departamento de recursos humanos ou com um advogado.
- Se o membro da equipe se queixar do comportamento de diversas pessoas, esteja atento para a possibilidade de assédio moral, discutido no capítulo 7.

Há mais uma possibilidade, que pode ser um assunto bastante delicado. Às vezes, as pessoas chamam atenção sem querer, pela maneira como se vestem, falam ou pela linguagem corporal. No entanto, se você mencionar isso, pode passar a impressão de que está culpando a vítima. Há duas maneiras de lidar com essa situação:

- *Crie uma regra.* Se determinado tipo de roupa é provocante, diga aos funcionários que eles devem evitá-lo.
- *Dê conselhos.* Faça isso apenas depois de conversar com a pessoa ou pessoas que estão agindo de modo inapropriado. Depois disso, vo-

cê pode conversar com quem reclamou e dizer algo como: "O comportamento que tiveram com você é errado e já conversei com a pessoa sobre isso. Mas você pode fazer uma coisa para ajudar. Acredito que ela pode estar reagindo a algumas coisas que você diz. Reconheço seu direito de falar sobre o que quiser, mas, se puder parar de falar sobre suas atividades pessoais no trabalho, a equipe toda pode se beneficiar".

"Você está interessado, mas eu não estou"

Um membro da equipe demonstra interesse em ficar com você, em um caso amoroso ou um relacionamento sexual. Você não quer se envolver – seja por questões pessoais ou profissionais.

Cuidado para não tirar conclusões precipitadas. A menos que esteja claro que a pessoa está interessada, diga algo como: *"Tenho a impressão de que você pode estar interessado em um relacionamento pessoal comigo. Estou certo?"* Dê à outra pessoa a chance de se explicar – ou de se afastar.

Se puder, use uma regra como motivo para não se envolver. (Para ver algumas fontes de regras, veja a próxima seção, "Xi... Estou interessado"). Se não houver problemas em ter um romance no ambiente de trabalho e seus motivos forem apenas pessoais, procure deixar tudo impessoal, dizendo algo como: *"Não quero misturar trabalho e prazer, é arriscado demais"*, ou simplesmente diga: *"Não é um momento bom para mim"*.

Xi... Estou interessado

Você está interessado em alguém de sua equipe. Está na hora de fazer uma análise profunda.

Em primeiro lugar, não faça nada errado é o que você deve dizer a si mesmo. Depois, pergunte: *Quais são as regras?* e *Qual é o cenário?*

As regras podem vir de quatro lugares:

- empresa ou escritório;
- atitudes éticas que adotamos como parte de nossa conduta no trabalho;
- nossa vida fora do escritório, incluindo vida pessoal e valores religiosos;
- de dentro de nós mesmos.

Ao se perguntar *Qual é o cenário?*, pense:

- nos efeitos que isso terá no escritório e no trabalho;
- nos efeitos que isso terá nos outros membros da equipe;
- nos efeitos em sua vida familiar e seu emprego.

É preciso levar em consideração as conseqüências de um relacionamento e também o efeito que haverá se as coisas não derem certo. Por exemplo, se você demonstrar interesse por um colega de trabalho e não houver reciprocidade, pode haver problemas. Se, mais tarde, você decidir não dar uma oportunidade a essa pessoa, ou um aumento de salário, ou promovê-la, mesmo que tenha bons motivos, pode abrir caminho para um processo por assédio sexual.

Seu desafio é: *Respeite seus sentimentos, mas não permita que eles controlem o que você faz.* Isso pode levar a uma destas três soluções:

- Se você decidir que dar início ao relacionamento não é o certo, e se acha que a outra pessoa desconhece seu interesse, não diga nem faça nada.
- Se decidir não dar início ao relacionamento, mas a outra pessoa souber de seu interesse, converse com ela em particular e seja objetivo, dizendo algo do tipo: "*Gosto de você, mas essa regra [ou meus valores, ou outro motivo] não me permite ir adiante*".

- Se você decidir que dar início ao relacionamento é o certo e não vai contra as regras da empresa, mantenha-o completamente separado do trabalho. Nem mesmo vá embora da empresa com a pessoa. No ambiente profissional, não conversem nem troquem *e-mails* sobre assuntos pessoais.

Exemplo: Mesmo que vocês sejam casados...

É bom manter sua vida pessoal separada da profissional, mesmo que você seja casado com alguém com quem trabalha. Certa vez, trabalhei em uma empresa cujos sócios eram casados. Passei um ano ali e só consigo me lembrar de dois comentários pessoais. Uma vez, o marido ia almoçar em casa e perguntou à esposa se ela queria que ele trouxesse alguma coisa para ela. Na outra vez, o marido estava mal-humorado e a esposa me disse que ele sempre se comportava assim naquela época do ano, pois a mãe dele havia morrido naquele período, anos antes.

A lição: Mantenha a vida pessoal e a profissional separadas, e todos ficarão mais à vontade e produzirão mais.

Vocês se separaram... mas ainda trabalham juntos

Isso pode ser um problema para duas pessoas de sua equipe ou para você e alguém com quem trabalhe. O relacionamento terminou, mas a vida no trabalho continua. Ambas as pessoas terão sentimentos ruins – tristeza, sensação de perda, mágoa ou raiva –, talvez sempre que se encontrarem.

"*Vocês romperam, mas ainda têm que trabalhar juntos.*" A melhor maneira de pensar é: "*Fazemos parte da mesma equipe*". Ajude o funcionário a ver a outra pessoa como parte do grupo, e não como parte de um problema pessoal. E ajude-o a se concentrar no trabalho que deve ser feito.

Pense em soluções estruturais também. Talvez as duas pessoas só devam se encontrar quando estiverem na presença de uma terceira. Ou talvez uma mudança no esquema de trabalho possa evitar que eles se encontrem com freqüência na empresa e ajude os dois a se tornar mais produtivos.

Brincadeiras sem graça – O limite entre piada e assédio sexual

O que para uma pessoa é uma boa piada, para outra pode motivar um processo por assédio sexual. Além dos tipos diferentes de personalidade – o que afeta a maneira como as pessoas escutam o que lhes é dito –, também temos diferenças de idade e cultura. Um estilo de roupa – como uma blusa que deixa a barriga à mostra – é apenas uma maneira comum de se vestir para algumas pessoas, enquanto, para outras, é uma maneira de chamar atenção sexualmente. Como líderes, talvez precisemos definir regras para o tom e o estilo aceitáveis no trabalho.

"*Isso não cai bem no trabalho*" é uma forma eficaz e inofensiva de abordar o assunto. Esteja a sós com a pessoa, para que ela não se sinta envergonhada na frente dos outros. Tome o cuidado de se concentrar na percepção, não no sentido. Se o funcionário disser que o que ele está fazendo ou dizendo é inofensivo, você pode responder: "*Eu sei, mas no trabalho precisamos nos preocupar com a maneira como as pessoas nos vêem, não apenas com o que desejamos passar*". Uma versão mais incisiva pode ser: "*Se não foi isso que você quis dizer, procure mudar seu modo de se expressar*".

Política sexual – Jogos de poder

Sexo e poder são uma mistura ruim – quase tanto quanto bebida e direção. No trabalho, há muitas chances de dar oportunidades às pessoas, muitas escolhas que implicam poder sobre o que os outros podem ou não fazer e sobre o rumo que a vida deles vai tomar.

E somos todos seres sexuais – desde nosso estilo e nossas roupas até nossas atitudes e piadas, podemos passar mensagens relacionadas a sexo. E, quando mensagens sobre poder e sobre sexo se misturam, um acidente se torna iminente.

Se você vir alguém tomar uma decisão com base no que pode ser um motivo duvidoso, talvez relacionado a preferências ou preconceitos sexuais, diga: "*Dê-me um bom motivo no âmbito profissional*". Por exemplo, talvez as mulheres de uma profissão classicamente feminina não queiram que um homem trabalhe com elas. Diga: "*Dê-me um bom motivo no âmbito profissional que justifique o fato de ele não poder trabalhar com vocês*".

Preferências sexuais e preconceitos

Todos temos preferências – algumas pessoas se sentem atraídas por homens, outras por mulheres, por pessoas de determinada idade, aparência ou estilo. Muitos de nós também temos preconceitos – idéias a respeito do que os outros devem ou não gostar, fazer ou ser. Alguns sentimentos acompanham nossas preferências e nossos preconceitos, mas eles não devem interferir no trabalho. "*Somos uma equipe. Trabalhamos juntos e deixamos nossos gostos e desgostos em casa*" é uma boa maneira de alertar a todos.

Se os estilos e pontos de vista não param de causar conflitos, reúna a equipe para uma sessão de *brainstorming*. Diga aos funcionários que você quer que eles criem regras básicas para a maneira como a equipe vai trabalhar em conjunto. Peça a cada pessoa que diga uma maneira como não gosta de ser tratada. Pergunte, em uma segunda rodada, o modo como querem ser tratadas. Com base nisso, faça uma lista começando com a palavra mágica "Vamos". Por exemplo:

Vamos:

- escutar uns aos outros com respeito;
- evitar interromper o colega;
- chegar pontualmente às reuniões;
- manter o tom de voz normal.

Podemos ver essas regras como um código de conduta criado pela equipe e para a equipe. E podemos adicionar: *"Vamos fazer o máximo que conseguirmos para seguir esse código de conduta e gentilmente lembrar uns aos outros que todos devem respeitá-lo"*.

Sinais de um ambiente hostil

Como líderes, devemos estar cientes de algumas regras legais e jurisprudências envolvendo o assédio sexual. Alguém que move uma ação por assédio sexual pode processar um indivíduo ou a empresa, ou ambos. O ponto crucial que determina se a empresa pode ser responsabilizada pelas ações do empregado é o fato de existir um "ambiente hostil". Os advogados da pessoa que move o processo podem analisar qualquer coisa na empresa e ver se aparentemente existe algum sinal de hostilidade. O cartão-postal sugestivo no quadro de avisos, as fotos de sexo explícito baixadas da Internet por um funcionário sem seu conhecimento e até mesmo um *e-mail* de piadas enviado por um amigo – tudo isso pode ser interpretado como sinal de que a empresa permite ou até incentiva o assédio sexual e deve ser responsabilizada em eventuais ações movidas por funcionários.

Ao mesmo tempo, não queremos nos tornar uma patrulha. Como líderes, devemos:

- *dar o exemplo*. Assim, se receber um *e-mail* com piadas inadequadas, não o exclua simplesmente. Peça ao remetente que não volte a enviar a você esse tipo de mensagem;
- *informar os outros e pedir apoio*. Se houver regras na empresa, informe-as a todos. Se não houver, peça que a equipe trabalhe com você para criar um ambiente de trabalho saudável e proteger a empresa de qualquer tipo de problema.

6

QUANDO QUESTÕES PESSOAIS AFETAM O TRABALHO

Às vezes, a vida pessoal do funcionário atrapalha o trabalho. De repente, o líder precisa conversar com um membro da equipe sobre algo que não saberia como abordar nem mesmo com o próprio filho. Por mais embaraçoso que seja, é sua obrigação. E é preciso tato para fazer isso da maneira correta.

De odor corporal a mau hálito

Às vezes, algum aspecto da aparência ou do odor de alguém incomoda outros membros da equipe. Essa situação é muito complicada. Se possível, converse com os outros funcionários e não com a pessoa de quem eles reclamam. Diga: "*Vocês seriam capazes de conviver com isso?*" Converse sobre atitudes inofensivas que poderiam ser tomadas ou mudanças no esquema de trabalho que poderiam ser feitas para eliminar o desconforto.

Se a resposta for "não", será preciso conversar com a pessoa cujo odor ou aparência é motivo de reclamação. Veja algumas das possíveis complicações:

- A pessoa pode negar que tenha um problema e se mostrar ofendida pelo que você disse.

- Ela pode não ter consciência do problema, e pode ser difícil convencê-la a levá-lo a sério.
- Ela pode saber sobre o problema, mas não ser capaz de resolvê-lo.
- O problema pode estar relacionado a algum distúrbio físico. Tomar conhecimento do problema de saúde do funcionário aumenta as dificuldades. Leia o capítulo 20.

Ao conversar com o membro da equipe, seja cauteloso. "*Um problema surgiu e está afetando o desempenho da equipe, e os outros funcionários pediram que eu conversasse com você sobre isso. Estou um pouco constrangido, pois se trata de um assunto pessoal. Posso dizer o que é?*" Em seguida, descreva a experiência que os outros membros da equipe vêm relatando. Pergunte ao funcionário em questão se ele tem consciência do problema e de como ele afeta os outros. Depois escute. Não se esqueça de agradecer a ele por estar disposto a conversar sobre o assunto e a tomar medidas que levem a uma solução.

Exemplo: Deve ser o cabelo

Uma executiva de recursos humanos recebeu diversas reclamações de vários funcionários a respeito de um gerente mais novo, que era considerado "arrogante". Quando ela se reuniu com esse gerente, teve a impressão de que ele era bastante gentil e atencioso, mas notou que ele tinha cabelo comprido e freqüentemente balançava a cabeça para afastá-lo dos olhos. Ao fazer isso, erguia o queixo e parecia um tanto... arrogante.

Delicadamente, ela lhe disse que o hábito estava passando a impressão errada. Então fez uma sugestão que nenhum departamento jurídico ousaria fazer: que ele cortasse o cabelo. O rapaz assim fez e não houve mais reclamações.

História contada por Ann F. Romaine.

Há algo errado em casa?

Existem muitos sinais de que um membro da equipe não consegue se concentrar no trabalho devido a estresse ou problemas pessoais. Estes são alguns dos mais comuns:

- Ele chega atrasado, sai mais cedo ou faz intervalos muito demorados.
- Utiliza o telefone da empresa ou o celular para conversas longas e de cunho pessoal.
- Gasta muito tempo com *e-mails* pessoais.
- Recebe inúmeros telefonemas de diversas pessoas, o que pode indicar que o funcionário está tentando coordenar a solução de um problema ou lidar com uma crise.
- Muda de humor repentinamente, o que indica estresse.
- Não consegue se concentrar no trabalho ou gerar resultados.

"*Há algo errado em casa?*" pode ser uma boa maneira de começar a conversa. Você pode preparar o terreno dizendo: "*Parece que você está tendo dificuldades para se concentrar no trabalho*". Se o membro da equipe afirmar que está tudo bem, aborde o comportamento específico que está atrapalhando o trabalho e precisa de mais atenção ou mudança.

Se a pessoa disser que existe um problema, diga: "*Sinto muito que isso esteja acontecendo, mas fico feliz por saber*". Encontre uma maneira adequada de coordenar uma solução – talvez horas extras, para que ele possa resolver os assuntos de casa e ainda assim trabalhar adequadamente. Se a empresa oferecer apoio e aconselhamento, direcione o funcionário a esses serviços. (Se não tiver certeza, tente descobrir – ele vai agradecer.) No entanto, freqüentemente um pouco de flexibilidade e atenção bastam para ajudar a pessoa a manter as coisas sob controle.

Ligações e *e-mails* pessoais durante o expediente

Algumas vezes, os membros da equipe passam muito tempo cuidando de assuntos pessoais – família, casa, romance ou outras questões – durante o expediente. Quando as interrupções são longas demais ou acontecem com muita freqüência, reduzem a produtividade. Estudos demonstram que as pessoas realizam apenas um terço do trabalho quando se deixam interromper.

As empresas têm atitudes diferentes e regras distintas em relação a atividades pessoais durante o expediente. Certifique-se de que sua equipe conheça as regras e saiba se elas são flexíveis ou não. Além disso, quanto mais você souber, melhor. Quando falar sobre as regras com os funcionários, aproveite para pedir que avisem sobre eventos ou situações que possam exigir mais tempo pessoal assim que eles surgirem, para que você saiba o que está acontecendo.

Todas as pessoas passam por momentos mais complicados ou caóticos. Às vezes, não há como evitar interrupções no trabalho – como quando um filho, pai ou outro dependente adoece ou se fere. Em outros momentos, há excesso de coisas a fazer – e parte das tarefas tem que ser feita durante as horas de trabalho. Sei bem como é isso. Acabei de comprar uma casa e precisei compensar trabalhando à noite o tempo gasto com telefonemas e reuniões a respeito da compra e da obra, que tinham que ocorrer durante o dia. Uma empresa flexível tem mais facilidade para manter bons funcionários, mas limites claros são tão importantes quanto flexibilidade.

"*Compreendo que você precisa de tempo para isso. Como quer equilibrar essa necessidade com a carga de trabalho?*" é uma boa maneira de começar a conversa. Dê ao funcionário a responsabilidade de encontrar uma solução e diga a ele que o importante é que o trabalho seja bem-feito. Se a situação estiver fugindo do controle, cite tarefas específicas que ele deve fazer ou completar, com prazos. Depois diga: "*Você precisa se concentrar no trabalho enquanto estiver aqui. Como podemos resolver isso?"*. Reúnam-se, escrevam uma solução – pode ser um limite de número de ligações, um acordo de horas extras etc. – e peça a ele que seja tão responsável no trabalho como o é em outros aspectos da vida.

Uso egoísta do celular

Antigamente, as empresas conseguiam controlar o tempo que os funcionários gastavam em telefonemas pessoais, restringindo o uso dos aparelhos. Agora que a maioria das pessoas tem celular, isso não funciona mais. Usar o celular – ou simplesmente levá-lo – no trabalho pode causar diversos problemas:

- Gasta-se muito tempo com assuntos pessoais.
- Quando as pessoas são interrompidas, passam a realizar o trabalho com apenas um terço da eficiência. Deixar o celular ligado reduz a produtividade.
- Pessoas que andam de um lado para o outro falando ao celular ou que o utilizam de suas mesas ou baias atrapalham os outros e permitem que eles ouçam suas conversas particulares.
- Toques de celular atrapalham as outras pessoas, principalmente durante reuniões.
- Até mesmo a posse de um celular – principalmente se tiver câmera – é proibida em determinadas áreas, como tribunais.
- O celular confunde a fronteira entre casa e trabalho e pode se tornar uma grande fonte de desperdício de tempo.

As pessoas podem não perceber quanto tempo perdem porque estão ocupadas ao celular recebendo ou fazendo ligações. Se você perceber um funcionário com esse problema, pode dizer: "*É fácil passar tempo demais ao celular. Você já percebeu se isso está diminuindo seu rendimento no trabalho?*" Em seguida, explique que a equipe toda precisa se concentrar no trabalho durante o expediente. Se o funcionário for cooperativo, provavelmente só vai precisar de um pouco de consciência.

Trabalhos paralelos durante o expediente

O que fazer ao descobrir que um funcionário tem um segundo emprego ou está fazendo trabalhos paralelos dentro da empresa?

Essa é uma violação clara dos limites. Diga a ele: "*Você não pode misturar o seu trabalho com o nosso trabalho*". Em seguida, deixe os limites bem claros: nenhum outro trabalho deve ser realizado dentro da empresa, nem mesmo por meio do uso do celular ou de um *e-mail* pessoal. O tempo gasto ali dentro deve ser direcionado para o trabalho da empresa, e os recursos e ferramentas disponíveis são apenas para uso referente aos propósitos da companhia. Mesmo que você permita, por exemplo, que os funcionários façam cópias para um evento escolar dos filhos ou para um evento beneficente, explique que você não patrocina outros negócios.

Ocasionalmente, pode ocorrer de um membro da equipe ter um negócio paralelo gerenciado em um horário fora do expediente e pode ser que receba telefonemas – raros – que precisam ser atendidos. Se isso acontecer, peça a ele que atenda o telefone dizendo: "Estou em meu outro trabalho agora" ou "Estou no meu trabalho agora. Posso retornar a ligação mais tarde?" O funcionário deve fazer com que o telefonema dure menos de dois minutos e deve usar um intervalo ou o horário de almoço para retornar a ligação, desde que não seja de dentro da empresa.

Vender produtos ou serviços aos funcionários

Essa prática é um pouco pior do que manter um trabalho paralelo no horário do expediente. Agora, o funcionário está tentando transformar seus colegas de equipe em clientes. Geralmente isso começa de modo inocente. O membro da equipe pode ter se envolvido em um programa do tipo "pirâmide" e é incentivado a vender às pessoas que conhece. Ou ele pode ver isso como algo útil a ser feito. O problema é que a situação costuma ficar complicada. Se outro funcionário ficar insatisfeito com um produto ou serviço, a relação profissional pode ser arruinada. Se a prática envolver recrutar outras pessoas como vendedoras também, a situação pode fugir do controle.

"*Você não pode misturar os seus negócios com os nossos negócios*" é uma boa maneira de começar. "*Não venda nada aos outros membros da equipe.*" Explique à pessoa que, se ela quiser se encontrar com os colegas fora do expediente e fora da empresa, tem todo o direito, desde que as transações não interfiram no trabalho. Explique os problemas que podem ocorrer para a equipe, mesmo quando todos têm boas intenções, para que o funcionário compreenda seus motivos.

Procurar emprego durante o expediente

O que você faz ao descobrir que um membro da equipe está procurando outro emprego – durante o expediente? Existem algumas situações nas quais tal prática é aceitável:

- Se o membro da equipe tiver sido informado de que será demitido ou se a empresa estiver falindo, o uso de uma parte do expediente para a procura por outro emprego é apropriada.
- Algumas empresas, quando estão fechando departamentos ou fazendo cortes de pessoal, chegam a oferecer ajuda para recolocação no mercado.
- Se um funcionário ocupar uma posição temporária com data definida de término, diga a ele o que é adequado.
- De vez em quando, os membros da equipe podem receber telefonemas não solicitados de *headhunters* no trabalho. Tome o cuidado

de não colocar a culpa no funcionário se ele não deu início à busca por emprego.

Descobrir que um funcionário está procurando outro trabalho é uma situação difícil. É preciso lidar com dois fatos: o funcionário quer deixar o emprego e está fazendo algo inapropriado ao procurar outro trabalho de dentro da empresa. É preciso avaliar a importância de manter o funcionário, planejar o que você pode oferecer e o que tem a dizer e então chamá-lo para uma conversa.

Diga: "*Corrija-me se eu estiver errado, mas parece que você está pensando em mudar de emprego*". Escute a resposta. Se quiser manter o funcionário, fale: "*Gostaria de conversar a respeito do que podemos fazer para mantê-lo conosco*". Se você estiver mais preocupado com o fato de ele usar o horário de expediente para outros assuntos, diga: "*Compreendo que talvez você precise procurar outro emprego, mas deve manter essa busca separada deste trabalho*". Depois disso, trate dos detalhes.

Atrasos e intervalos extras

Quando um funcionário chega atrasado com freqüência, faz intervalos ou horários de almoço muito longos ou simplesmente sai mais cedo, às vezes queremos gritar: "Apareça e mantenha-se no trabalho!" Obviamente essa não é a reação mais inteligente do ponto de vista emocional.

Em vez disso, procure dizer: "*Precisamos falar sobre suas horas de trabalho*". Depois pergunte: "*O que está acontecendo que faz com que você sempre chegue atrasado [ou saia cedo, ou faça intervalos longos demais, ou prolongue o horário de almoço]?*" Dê ao membro da equipe a chance de se explicar. Então, explique o efeito que essa atitude tem na produtividade e também na justiça dentro da equipe. Procure estabelecer um acordo com ele e uma maneira de medir os esforços dele e garantir que o acordo seja cumprido.

Se o problema persistir, seja claro ao explicar quais serão as conseqüências.

Fique atento se o funcionário ficar dando desculpas diferentes. Pode ser um sinal de grande instabilidade na vida pessoal ou de um problema sério, como vício em álcool ou em drogas. Se você achar que ele não está sendo honesto e não está se esforçando para cumprir as responsabilidades no trabalho, leia o capítulo 20.

7
BRINCADEIRAS, CRÍTICAS E DESRESPEITO ÀS REGRAS

Um pouco de diversão no trabalho sempre é bom, mas as brincadeiras podem fugir do controle. A maneira como lidamos com trotes, comentários maldosos, críticas e com pessoas que ultrapassam os limites pode estabelecer um ambiente de trabalho que não apenas seja seguro, mas no qual os funcionários se sintam seguros – e esse é o segredo da produtividade. Por quê? Porque, quando não nos sentimos seguros, não conseguimos nos concentrar. Sem concentração, não conseguimos realizar um bom trabalho e resolver problemas.

Ao mesmo tempo, a diversão saudável é importante. Se formos rígidos demais, nossa equipe ficará monótona. A diversão e as brincadeiras no ambiente de trabalho podem unir a equipe. Elas criam confiança e permitem desenvolver habilidades para a solução de problemas.

Do ponto de vista da inteligência emocional, a necessidade de fazer brincadeiras e zombar das pessoas parte de nossas próprias emoções. Quando não temos consciência de como nos sentimos, reagimos de maneiras que podem ser inadequadas. Quando aprendemos a ter consciência de nossos sentimentos – e a parar e respirar –, damos opções a nós mesmos. Podemos analisar nossos sentimentos e descobrir o que de fato queremos dizer. Então, podemos encontrar um modo construtivo de transmitir nossas idéias. O melhor a fazer por nossa equipe é praticar a inteligência emocional – a maturidade – e dar o exemplo.

Cresça e apareça!

Às vezes, quando vemos membros de nossa equipe fazendo brincadeiras tolas, temos vontade de gritar: "Cresça e apareça!" Mas isso também seria meio infantil. Se você sentir vontade de fazer isso, é melhor parar, respirar e refletir. O que está realmente acontecendo?

- É apenas um momento inofensivo de diversão e estamos levando o trabalho – ou a nós mesmos – muito a sério?
- Está atrapalhando o trabalho?
- É perigoso – como um trote que poderia causar ferimentos?
- É algo normal, mas que pode causar mágoa, tensão ou conflito?

Quando você esclarecer seu ponto de vista, deve verificar a opinião de seus funcionários – aqueles que estão fazendo a brincadeira e os que estão sendo vítimas dela. Todas as perspectivas são importantes – a da segurança, a da produtividade, sua opinião, a opinião de todos os envolvidos. Quando você tiver compreendido a situação completamente, use o exemplo descrito neste capítulo como guia para saber o que fazer.

Brincadeiras, trotes e "pegadinhas"

Se você vir uma brincadeira, trote ou "pegadinha" sendo feito ou receber uma reclamação a respeito, siga estas dicas:

- *Não participe.* As pessoas costumam se sentir ameaçadas ao ser vítimas de uma brincadeira com a participação de uma figura de autoridade.
- *Certifique-se de que seja seguro.* Se houver qualquer risco de ferimentos – por menor que seja –, interrompa a atividade e tome providências disciplinares.

- *Certifique-se de que não magoe ninguém.* Pense na vítima da brincadeira e nos riscos envolvidos. Se o trote já tiver sido feito, reserve um tempo para conversar com a pessoa e escutar o que ela tem a dizer.
- *Garanta que não atrapalhe a produtividade.* Claro, a brincadeira com comida é engraçada, mas quem vai limpar a sujeira?
- *Assegure-se de que não se trate de perseguição.* Esteja ciente do assédio moral – e atento a ele –, como será explicado adiante.
- *Pergunte por quê.* Converse com quem fez a brincadeira e assegure-se de que foi tudo uma diversão sadia, e não um sinal de ressentimento ou outros sentimentos que possam causar problemas futuros.

O segredo é se concentrar nas possíveis conseqüências relacionadas a saúde, segurança e produtividade. Mas lembre-se de que isso inclui também o aspecto emocional. Não permita que as brincadeiras atrapalhem o bom andamento da equipe.

Críticas

Qual é a importância de uma crítica? Em primeiro lugar, se for feita por você ou por outro superior a um subordinado e na frente de outras pessoas, sempre tem importância. As pessoas sentem muito medo de ser rejeitadas pela figura de autoridade e afastadas do grupo. De modo geral, acredito que a maioria dos assuntos psicológicos é pessoal e individual. Mas este parece ser universal – para todas as pessoas e animais que vivem em grupos ou comunidades, como gorilas, macacos e lobos. A crítica feita pela figura de autoridade pode levar à rejeição por parte de todo o grupo. Se essa reação de medo for acionada, vai prejudicar a produtividade e o trabalho em equipe.

E a crítica entre membros da equipe? Qual é o limite entre expressões inocentes de estilo cultural e pessoal e comentários que podem causar danos emocionais?

Infelizmente, não existe um limite. Ele está na mente de cada pessoa, por isso devemos conversar com quem fez o comentário maldoso ou sarcástico e com a pessoa a quem ele se destinou. Se nenhum deles estiver ressentido e a equipe também estiver bem, não se preocupe. Mas, se a crítica tiver origem em um assunto pendente ou deixar alguém em uma situação desconfortável, ensine e dê o exemplo de uma comunicação correta. Aqui estão os pontos principais:

- *Use a técnica do espelhamento.* A maioria das pessoas se magoa quando percebe que não está sendo ouvida. Reagimos quando sentimos que não estão nos escutando ou nos levando a sério. Assim, pratique o espelhamento – o processo de repetir em voz alta as idéias da outra pessoa com suas próprias palavras – e ensine sua equipe a fazer o mesmo. Pode começar dizendo: "Deixe-me ver se entendi direito. Você está dizendo que..."
- *Diga "Sim, e..." em vez de "Não, mas...".* Em quase todas as conversas, "Sim, e..." tem o mesmo sentido que "Não, mas...", porém é menos crítico e confrontador.
- *Use "nós".* Não deixe a equipe – ou a empresa – se tornar "eles". Além disso, em vez de dizer "Você deveria...", procure dizer "Será melhor se nós...".
- *Pense no que vai dizer.* Antes de abrir a boca, podemos pensar no que queremos dizer. Ajuda se fizermos três perguntas sobre o que planejamos falar: *É verdade? É gentil? É útil?*
- *Seja sincero.* Apenas trocar o "Não, mas..." pelo "Sim, e..." ou fazer qualquer outra mudança que não seja sincera vai parecer falso. Pense nas idéias por trás dessas mudanças. Ajuste sua atitude para ser realmente inclusivo e querer ajudar.

Exemplo: *Brainstorming* – ou lavagem de roupa suja?

Certa vez, eu estava ministrando um *workshop* sobre trabalho em equipe a um grupo muito inteligente de especialistas em computador.

Uma mulher deu uma idéia e sugeri que realizássemos uma sessão de *brainstorming* para encontrar maneiras de desenvolver essa idéia. O grupo imediatamente começou a despejar críticas e desafios.

Quando pararam, perguntei: "É assim que vocês realizam um *brainstorming* aqui?"

Eles responderam: "Sim, sempre".

Respondi: "Se funciona para vocês, ótimo. Mas me pareceu que vocês estavam unidos para atacar a colega de modo pessoal, em vez de pensar sobre a idéia dada. Vamos tentar de outro modo, com regras diferentes".

Apresentei os conceitos explicados no início deste capítulo e continuamos a sessão de *brainstorming*. Então desenvolvemos as mesmas boas idéias de maneira muito mais gentil.

E isso importa? Depende. Se todos na equipe estiverem acostumados a um estilo mais duro, pode ser que funcione. Mas já vi algumas empresas que usaram essa abordagem e acreditavam estar indo bem. Até perceberem que estavam perdendo boas idéias – e, a longo prazo, bons funcionários – porque esse estilo mais agressivo de crítica fazia as pessoas se sentirem desrespeitadas.

A lição: Um estilo mais gentil é inclusivo para as pessoas mais quietas. Quando criamos um ambiente com um estilo desafiador, podemos perder idéias e, depois de um tempo, bons membros da equipe.

Olho por olho, dente por dente

Às vezes, duas pessoas de uma equipe se envolvem em um ciclo cada vez mais audacioso de trotes ou críticas. Se tudo terminar em risadas e amizade, pode ser parte de um ciclo saudável do relacionamento. No entanto, se o comportamento nunca termina, se a equipe perde o equilíbrio ou se um dos dois lados quer colocar um ponto final na atitude e não consegue, então o problema se torna da empresa. O que antes era apenas diversão agora interfere no lado cooperativo do trabalho em equipe.

Ao abordar essa situação com duas pessoas, o desafio é fazer com que elas parem de enxergar apenas a própria perspectiva e analisem as conseqüências que isso pode trazer para a equipe. Provavelmente é melhor conversar com cada um separadamente. Dependendo da situação, você pode começar com uma das seguintes falas:

- *"Sei que você acha que não passa de brincadeira, mas os trotes trocados entre você e [a outra pessoa] estão começando a magoá-la. Tenho certeza de que não é sua intenção. Vamos conversar sobre como estabelecer alguns limites?"*
- *"Vocês dois estão se divertindo, mas acho que não percebem como as outras pessoas da equipe estão se sentindo. Para elas, é uma situação de ameaça."*
- *"Vocês parecem estar se divertindo, mas as brincadeiras estão consumindo muito tempo. Como vocês podem resolver isso de modo a não reduzir a produtividade?"*

Assédio moral e perseguições

O assédio moral no ambiente de trabalho é um problema sério, que pode levar a processos movidos pela vítima e a indenizações milionárias. Mesmo que nenhum outro tipo de discriminação – como por raça, sexo ou idade – esteja envolvido, sempre que a equipe toda parece perseguir um só funcionário, é um sinal de grande perigo. Geralmente há uma vítima, um causador, muitos que participam – com mais ou menos envolvimento – e outros que se fingem de cegos.

O prejuízo – para a pessoa, para a equipe toda e para a empresa – é grande demais para ser ignorado. Se você fizer isso, a chefia toda pode ser vista como condescendente ou mesmo incentivadora da perseguição. Fazer isso é dar um tiro no pé.

Às vezes, você pode perceber que precisa se posicionar contra o assédio moral mesmo quando a empresa permite que ele ocorra. Os executivos do alto escalão podem dar desculpas como "Ele aceita as brincadeiras" ou "Não é tão ruim assim". Se você perceber que isso está ocorrendo em sua empresa, reúna material sobre o assunto e aborde-o com clareza entre o mais alto escalão que conseguir.

Para instruções sobre como acabar com o assédio moral logo no início, veja, no capítulo 8, a situação "Ninguém gosta do aluno novo".

Informação: Mais sobre o assédio moral

Aqui estão informações essenciais sobre o assédio moral que todo líder deve conhecer:

- **Qualquer pessoa pode ser vítima.** O alvo do assédio moral pode não ser novo na companhia. Pessoas com muitos anos de empresa já sofreram esse tipo de perseguição. Pessoas de qualquer nível hierárquico – funcionários, técnicos, gerentes e até executivos seniores – podem se tornar alvos.
- **O assédio moral pode começar em qualquer lugar.** Um chefe, um colega de equipe ou até mesmo um subordinado pode começar a perseguição.
- **O assédio moral só ocorre se a empresa permitir.** As empresas permitem que isso ocorra por falta de conhecimento – pois acreditam que não vai acontecer – ou por falta de cuidado. Algumas também incentivam o assédio. Se usarmos a autoridade da empresa para reforçar o senso de justiça, podemos evitar que qualquer perseguição ocorra.
- **O assédio moral prejudica os resultados.** Uma empresa em que ocorre assédio não é um bom lugar para se trabalhar, nem mesmo para os assediadores. Ele prejudica o moral e a produtividade e contribui para manter um ambiente de desonestidade e culpa.
- **Você pode aprender mais sobre o assunto.** Há livros publicados em português sobre assédio moral e muitos textos disponíveis na Internet. Uma boa fonte de informação é o *site* <www.assediomoral.org>.

Momento de diversão no escritório

A equipe deve se divertir mais do que apenas uma vez ao ano, na festa de confraternização da companhia. Na minha empresa, temos a Sexta-Feira Divertida toda semana. Como somos uma equipe virtual – espalhada pelo país todo –, fazemos isso reunindo piadas ou fazendo comentários engraçados sobre nossos clientes ou sobre nós mesmos em uma página da Internet. Brincamos, falamos algumas bobagens e relaxamos um pouco. Assim, acreditamos que a volta ao trabalho se torna mais fácil.

Existe uma técnica no livro *Wishcraft*, de Barbara Sher, chamada "O poder do pensamento negativo", que pode ser adaptada para que haja um pouco de diversão produtiva em equipe. Em uma reunião, permita que cada pessoa se levante e faça uma apresentação engraçada de dois minutos dizendo todos os motivos pelos quais odeia seu trabalho – por que o trabalho é idiota, ridículo e inútil. A pessoa pode expressar todos os pensamentos negativos da equipe de maneira divertida e até agressiva e ainda ser aplaudida por isso. Então, depois que terminar, peça a cada pessoa que diga algo positivo sobre a equipe, o chefe, o cliente – qualquer um que tenha sido "atacado" na brincadeira. Experimente – você pode descobrir que fica mais fácil se concentrar nas partes menos divertidas do trabalho.

8

PROBLEMAS COM FUNCIONÁRIOS NOVOS

Quando um novo funcionário é contratado, o gerente se torna responsável por algo chamado orientação. Por quê? Porque o novo membro da equipe fica desorientado quando chega. Um novo funcionário é mais ou menos como se um jogador de basquete parasse de praticar seu esporte e fosse jogar beisebol. Mesmo que o funcionário seja bom naquilo que faz, ele simplesmente não conhece as regras do novo jogo. E é sua obrigação colocá-lo em campo.

Regras e suposições

Toda empresa tem suas regras. Em empresas maiores, elas costumam ser escritas. Nas menores, podem ser repassadas oralmente. Existem assuntos de menor importância, como a rigidez com que a empresa controla os horários de entrada e saída, e aqueles mais importantes, como a política a respeito do consumo de drogas. Mas a orientação vai além de ensinar quais são as regras. Tem a ver com esclarecer quais delas são mais importantes, por que e como se adaptar.

Como líder, tome o cuidado de reservar um tempo para ajudar o novo membro da equipe a pegar o ritmo, não apenas em relação ao trabalho, mas no que se refere às regras não escritas de convivência e relacionamento entre as pessoas. Faça isso você mesmo ou peça a um funcionário experiente – e maduro – que ajude o recém-chegado.

"Quero que você se adapte com facilidade e se relacione bem com todos" é uma boa maneira de começar. Você também pode impedir diversos problemas de orientação ao tornar essa tarefa um esforço em equipe. Designe um funcionário experiente para ajudar cada novo membro da equipe que chegar. Não indique sempre a mesma pessoa – permita que pessoas diferentes auxiliem na orientação dos novos funcionários. Reúna-se com ambos e incentive um relacionamento aberto, no qual os novatos possam fazer perguntas de modo livre e claro, em vez de fazer suposições.

"Mas eu sempre fiz assim!"

Um membro da equipe pode ser novo na empresa, mas não na área. Porém, mesmo que seja novo no campo de trabalho, é possível que os hábitos que adquiriu em casa ou na faculdade sejam, na concepção dele, a maneira certa de trabalhar. Como exemplo simples, podemos dizer que os registros que uma empresa faz das contas a pagar são muito mais complexos do que aquele que uma pessoa faz para pagar as contas de sua residência. Mas um novo funcionário pode não saber o que precisa ser feito e por quê. As contas podem ser pagas, mas as informações – essenciais para o pagamento de impostos – podem se perder, e essa situação pode passar despercebida durante meses.

Quando for chamado para dar uma explicação, o membro da equipe pode dizer: "Mas eu sempre fiz assim!"

Nesse caso, responda: *"Sim, compreendo, mas essa maneira não funciona aqui"*. Depois, reserve um tempo para explicar as conseqüências de fazer as coisas da maneira da empresa e da maneira como ele está acostumado a fazer. Mostre a ele por que é importante e ensine-o a fazer as coisas do jeito correto. Sempre que você treinar uma pessoa para realizar um procedimento, principalmente quando ele precisar desaprender determinado método para aprender outro, é uma boa idéia seguir estes quatro passos:

1. Realize a tarefa enquanto ele assiste e anota os passos à maneira dele.
2. Leia as instruções lentamente enquanto ele cumpre a tarefa.
3. Peça a ele que realize a tarefa. Observe – e interrompa apenas se ele cometer um erro grave. Quando tiver terminado, compare o que ele fez com os passos explicados e mude ou o processo de trabalho ou as instruções por escrito, para que ambos fiquem em acordo.
4. Dê a ele a tarefa de transformar as instruções para a atividade em um procedimento operacional padrão – documento que descreve detalhadamente todas as operações necessárias para a realização da atividade.

Os procedimentos operacionais padrão devem ser preenchidos, consultados e conferidos regularmente. Às vezes, as pessoas encontram maneiras melhores de fazer as coisas, e isso deve ser registrado.

Exemplo: Às vezes, o diferente é melhor

Às vezes, quando você vê que um membro da equipe está fazendo algo de maneira diferente, percebe que ele encontrou um modo melhor de executar a tarefa. Ou talvez exista mais de uma maneira de fazer a mesma coisa. Como saber? Analise os resultados do trabalho e suas conseqüências. Se a maneira como o novato está trabalhando não cria problemas a longo prazo, permita que ele continue a seu modo. Se a maneira dele deixar as coisas ainda melhores, é hora de expressar seu reconhecimento.

Tentativa de mudar as regras

Às vezes, um novo membro da equipe se precipita e tenta fazer com que as pessoas façam tudo como ele. Ou simplesmente não obedece a regras e procedimentos, mesmo depois de ter sido alertado várias vezes. Nesse caso, a orientação não está funcionando. Quando uma equipe recebe orientação, os membros trabalham juntos, na mesma direção. Mas esse funcionário está levando o grupo para outra direção. Você precisa descobrir o porquê.

Mesmo que você tenha deixado as coisas bem claras, note que ainda podem ocorrer enganos. As pessoas aprendem de maneiras distintas – algumas aprendem escutando, outras lendo e outras observando o que as pessoas fazem. Talvez o manual de procedimentos da empresa esteja disponível somente *on-line* e o membro da equipe não goste de aprender por meio do computador. Talvez ele tenha trabalhado em uma empresa na qual as pessoas não davam importância ao manual, porque era muito desatualizado. Ou talvez ele esteja tentando mostrar que pode tornar as coisas melhores, para ser aceito no novo emprego.

Em qualquer caso, o que é necessário é comunicação clara, começando com atenção para escutar o que o membro da equipe tem a dizer. Reúna-se com ele sem interrupções. Diga: "*Preciso entender o que está havendo aqui. Por que você [fez ou não fez algo]?*" Procure fazer com que o funcionário fale. Se não der certo, tente: "*Tudo bem. Vou explicar o que parece estar acontecendo do meu ponto de vista, depois você pode me explicar o seu*".

Você pode fazer com que o funcionário compreenda seu ponto de vista se procurar se colocar no lugar dele e compreendê-lo.

Falta de atenção a detalhes

Às vezes, um novo membro da equipe simplesmente não toma o cuidado de se certificar de que o trabalho está sendo bem-feito, de que todos os detalhes foram checados. Isso não é de surpreender – lembre-se de que, enquanto a fase de orientação não for finalizada, o novato estará desorientado. O primeiro passo nessa situação é ter certeza de que o funcionário compreende as conseqüências do trabalho bem-feito – e do malfeito também – e dar exemplos claros de ambos. Devemos nos certificar de que ele tenha:

- compreensão clara a respeito das conseqüências do bom e do mau trabalho;
- exemplos de trabalho bem-feito para comparação;
- exemplos de trabalho malfeito para comparação;
- instruções claras sobre como fazer um bom trabalho;
- conhecimento e treinamento suficientes para o trabalho;
- instruções claras sobre como conferir o trabalho, como a utilização de *checklists*.

Se algum desses itens estiver faltando, trabalhe com a pessoa para criá-lo. Não existe melhor método de orientação do que fazer com que o membro da equipe escreva as instruções para as próprias atividades. Se tudo estiver em ordem e o funcionário não estiver concentrado, pergunte: "*O que está atrapalhando?*" Ele pode ter que refletir sobre isso. Pode ser algo relacionado ao ambiente – por exemplo, algumas pessoas não conseguem trabalhar com música, enquanto outras precisam dela. Podem ser interrupções ou nervosismo. Se o funcionário não souber ao certo, diga a ele: "*Faça seu trabalho. Observe o que o interrompe ou o distrai. Venha me contar e vamos cuidar disso*".

Se isso não resolver o problema, pode ser que haja algo maior envolvido – desde um problema estressante em casa até falta de preocupação com o trabalho ou algum problema de identificação entre o funcionário e a empresa, ou até algo mais sério, como problemas com drogas ou distúrbios psicológicos. Não tire conclusões precipitadas, mas esteja ciente das possibilidades e leia com atenção os capítulos 10 e 20.

Zelo excessivo

Alguns funcionários novos se preocupam demais. Em geral, isso leva a uma destas três situações:

- esgotamento por excesso de trabalho;

- estresse, o que leva a erros;
- atenção em excesso a uma parte do trabalho e insuficiente a outras.

A última coisa que você deve fazer é deixá-lo mais ansioso. Você pode suavizar a situação dizendo: "*Você está fazendo um ótimo trabalho – muito bom*". Certifique-se de que ele perceba isso. Mostre que o lugar dele na equipe está garantido. Depois, ofereça orientação para corrigir a situação. Tente, se for apropriado, dizer: "*Queremos que você fique conosco por muito tempo. Pegue leve, senão você vai ter um treco*", ou "*Relaxe e o trabalho sairá melhor*", ou ainda "*Você faz isso muito bem. Poderia se concentrar um pouco mais nessas outras coisas?*"

Zelo insuficiente

Às vezes, um novo membro da equipe parece não se importar o bastante para realizar um bom trabalho ou aprender bem as atividades que precisa desempenhar. Observe com atenção para determinar qual destas três situações está ocorrendo:

- O funcionário se importa, mas alguma outra preocupação ou estresse está atrapalhando.
- Ele vem de um ambiente de trabalho diferente, no qual ninguém se importava, e ainda não entendeu a diferença.
- Ele simplesmente não está tão interessado no emprego ou na carreira.

Existe uma solução para cada uma dessas situações:

- Identifique o problema e oriente o membro da equipe a resolvê-lo, dizendo: "*Deixe-me ajudá-lo a tirar esse obstáculo do caminho*".
- Reúna-o com outro membro da equipe e diga: "*Trabalhe com ele por um período e veja como é gratificante realizar um bom trabalho*".

- Aceite – pelo menos por enquanto – que você tem um funcionário mediano e não excelente.

Motivação é uma questão complicada. A melhor motivação não costuma ser o salário, mas um "obrigado, bom trabalho". E as motivações mais eficazes são intrínsecas, ou seja, partem de dentro da pessoa. Podemos cultivar a motivação intrínseca criando um ambiente de trabalho saudável, no qual respeitamos as pessoas, valorizamos o que elas fazem, reconhecemos e recompensamos o bom trabalho.

Relutância em melhorar

O que fazer quando um novo membro da equipe parece relutante em seguir nossas orientações e em realizar o trabalho de modo aceitável em termos de quantidade ou qualidade? Não podemos tentar adivinhar os motivos disso.

Reúna-se com ele e comece dizendo em tom sério: "*Os resultados são o que importa, e a empresa precisa ver mudanças em seus resultados*". Estabeleça o relacionamento com ele dizendo: "*Vou ajudar como puder, mas o sucesso depende de você*".

Defina a situação. Depois, escute. Talvez o funcionário não tenha entendido muito bem algum ponto, ainda que você tenha explicado. Ou talvez ele acredite que alguma coisa é injusta ou está atrapalhando o andamento do trabalho. Mesmo que você pense que isso é irrelevante ou já tenha escutado o argumento antes, escute novamente. Assuma uma abordagem de solução de problemas para qualquer coisa que o funcionário disser. E lembre-se: trabalhe com ele, sem transformá-lo no problema.

Sente-se ao lado do membro da equipe e explique em detalhes o processo e os resultados que você deseja. Peça que ele descreva o processo e os resultados como se estivesse ensinando a você a realização da tarefa. Certifique-se de que tudo esteja claro. Depois escreva tudo.

Quando você terminar, o funcionário terá uma receita e uma amostra de bom trabalho, para que possa checá-las sozinho. Você pode demonstrar algumas ações a tomar se houver obstáculos no meio do caminho. E é preciso haver um prazo de entrega, com datas para reuniões antes e depois.

Você terá que dizer ao funcionário quais serão as conseqüências se ele entregar no prazo e também se não entregar, mesmo que entre elas esteja a demissão. Se ele não tiver certeza das conseqüências, sua decisão de demiti-lo pode ser questionada. Leia o capítulo 20 e discuta a situação com o departamento de recursos humanos.

Também pode ser útil reler o capítulo 1. Lembre-se: nem toda situação difícil pode ser resolvida. Analise se o funcionário tem o que é preciso para desempenhar bem o trabalho e se está comprometido com o sucesso. Quando todas as barreiras externas tiverem sido removidas, tudo só dependerá dele. E dependerá de você tomar uma decisão clara e objetiva, com base no desempenho do funcionário, durante o período de avaliação.

Termine a reunião de modo positivo, dizendo: *"Ainda acredito que você é capaz de realizar esse trabalho. Vou ajudar como puder, mas o sucesso depende de você"*.

Despreparar, fogo!

Às vezes, um novo membro da equipe se precipita e faz algo antes de estar pronto. Isso pode ser resultado de confiança em excesso ou de subestimar o tamanho ou a complexidade do trabalho ou da situação. A equipe pode lidar com o controle dos danos. Seu trabalho é ajudar o novo funcionário a aprender e a melhorar.

"Escreva um conjunto simples de instruções para a próxima vez e me mostre." Isso fará com que o funcionário se envolva no processo de melhoria. Se ele precisar de mais orientação, diga: *"Anote o que funcionou e como você fez. Depois, escreva o que não funcionou e como você faria*

da próxima vez. Se não tiver certeza a respeito dessa parte, pergunte para mim ou para outro membro da equipe. Vamos ajudá-lo a acertar da próxima vez".

Preparar, fogo, apontar!

Às vezes, um novo membro da equipe sabe como fazer algo, mas erra mesmo assim. Talvez ele tenha acertado na primeira vez e cometido um erro na segunda. Isso é comum – chamo isso de "síndrome do segundo ano", pois o segundo ano da escola ou da faculdade costuma ser mais difícil que o primeiro. Por quê? Porque, no primeiro ano, estamos cientes de que não sabemos de nada, por isso prestamos atenção. No segundo ano, acreditamos conhecer tudo. Ficamos excessivamente confiantes e nos precipitamos. Chamo isso de "Preparar, fogo, apontar!".

Diga: *"Parece que você errou o alvo desta vez. Da próxima, tente preparar, apontar, fogo. Você está aprendendo o trabalho, mas precisa investir mais tempo na preparação"*. Diga ao funcionário que erros desse tipo são comuns no início – todos passam por eles e melhoram. Explique que é preciso experiência para saber tudo que precisa ser feito e tudo que pode dar errado. Incentive-o a pensar mais antes de agir, mas diga que você espera que ele volte a se expor e tente novamente.

Não conseguir acertar

O que fazer quando um novo membro da equipe recebe instruções claras e uma oportunidade – ao longo de semanas ou meses – para melhorar, mas o trabalho não evolui? Se sua empresa estabelecer um período de experiência para todos os funcionários novos, é essencial resolver essa questão antes do término do contrato.

O primeiro passo é realizar uma avaliação: A longo prazo, o trabalho do funcionário é aceitável ou inaceitável? Você deve fazer essa pergunta tendo como base a noção de que a qualidade do trabalho pode não melhorar nunca ou demorar muito para evoluir. Ao tomar a decisão, concentre-se em resultados defíníveis e mensuráveis. Você tem três opções: fazer a melhora acontecer, simplificar as atividades, de modo que fiquem de acordo com o nível de conhecimento do funcionário, ou substituí-lo.

As melhores ferramentas são a análise e a reconciliação. Diga: "*Você está aqui agora. Precisa chegar ali até o final do prazo*". Seja específico. Faça uma lista de resultados exigidos, com cada ação tendo um prazo. Deixe a responsabilidade pelos resultados totalmente nas mãos do funcionário. E diga: "*Vamos ajudar da maneira que pudermos, mas você precisa assumir a liderança. Você precisa de alguma coisa para fazer isso?*"

Siga adiante e discuta as conseqüências do fracasso, como remanejamento ou demissão, depois cite as conseqüências do sucesso. Garanta ao funcionário que você quer que tudo dê certo, que ainda acredita que o trabalho pode ser feito e que ele pode se tornar parte produtiva da equipe. Termine dizendo: "*Você precisa fazer isso acontecer. Acredito que é possível*".

Ninguém gosta do aluno novo

Algumas vezes, os membros da equipe não aceitam o recém-chegado. Precisamos ser muito cuidadosos para saber se isso está acontecendo. Se a equipe toda parece concordar que o novo funcionário não se encaixa no ambiente, provavelmente você não está ouvindo a opinião de todos, e sim apenas um ponto de vista – o do líder do grupo –, e o restante da equipe somente vai na onda. Uma pessoa com problemas de relacionamento – ego ferido, antipatia pela nova pessoa ou desejo de se impor – pode convencer com muita facilidade a equipe toda a dar as costas ao novo funcionário. Isso se chama assédio moral, assunto abordado no capítulo 7, e é como se fosse uma reação alérgica – a equipe decide afastar a pessoa da mesma maneira que o corpo do paciente, depois de um transplante, pode decidir que o rim ou o coração novo não pertence a ele e passar a rejeitá-lo. O problema é que, assim como o novo órgão é bom para o corpo, o novo membro da equipe poderia ser bom para ela se as pessoas o aceitassem.

Esse tipo de perseguição só pode ser interrompido se detectado cedo. Melhor ainda se puder ser evitado. Aqui estão algumas coisas que você pode fazer para evitar o assédio moral:

- Estabeleça cada trabalho com critérios claros e objetivos, para que opiniões pessoais não possam ser usadas para afastar o novo funcionário.
- Crie um ambiente de trabalho no qual o respeito pela equipe e a cooperação em busca de resultados sejam esperados e recompensados.
- Crie um ambiente que incentive a comunicação aberta e franca, sem culpas.
- Informe qualquer mudança de modo claro e inclua igualmente todos os membros da equipe – novos e antigos.

Se o assédio moral ocorrer, é preciso detectá-lo cedo. Depois que a equipe toda estiver contra uma pessoa, vai ser muito difícil reverter a situação e fazer os outros funcionários enxergarem os próprios erros. Por isso, fique atento a estes sinais:

- muitos problemas são atribuídos a uma única pessoa;
- uma pessoa é excluída ou isolada;
- o desempenho de um funcionário cai abaixo do que você sabe que ele pode fazer e ninguém se oferece para ajudá-lo.

Se alguma dessas situações ocorrer, tenha pulso firme. *"É nossa obrigação fazer com que a equipe funcione – e isso inclui todos nós. Cada um de nós é responsável por ajudar os outros a realizar um bom trabalho e a se dar bem."* Envolva todos os membros da equipe, pedindo a cada um: *"Diga algo específico que você pode fazer para ajudar [o novo membro da equipe] a se dar melhor com as pessoas ou a trabalhar melhor"*. Deixe claro que excluir um funcionário não é uma opção, pelo menos não enquanto todos não tiverem ajudado o máximo que puderem ou até que a pessoa auxiliada demonstre incapacidade de reação. *"Se vocês quiserem que esse funcionário saia, terão de ajudá-lo a ficar até que, mesmo com todo o apoio dado, vejamos que ele não consegue realizar o trabalho."* Para aprender mais sobre assédio moral, veja o capítulo 7.

Peixe fora d'água

O que fazer quando um funcionário novo está fazendo um bom trabalho, mas simplesmente não se encaixa na equipe?

Em primeiro lugar, devemos ter em mente que, com a chegada de qualquer pessoa nova, as coisas mudam. Começamos perguntando a nós mesmos e à equipe: *"As coisas estão piores ou apenas diferentes?"*

Se estiverem piores, precisamos de uma lista específica de problemas, que demonstrem que a comunicação deficiente ou a atitude ruim estão de fato atrapalhando o trabalho. Depois, podemos pedir à equipe – a ela toda, incluindo o novo membro – que tome atitudes concretas rumo a uma solução.

Mas, se não houver problema, é preciso abrir espaço e até recompensar a diversidade. Já vi equipes eficazes formadas por trabalhadores compulsivos que ficavam na empresa todos os dias até tarde e apenas um homem dedicado à família que sempre saía às seis, assim como equipes de pessoas dedicadas à família que valorizavam o único trabalhador compulsivo que ficava até tarde. É mais complicado manter a eqüidade na diversidade, porque é mais difícil saber o que recompensar. Mas a diversidade vale a pena. Quando formamos um time de pessoas diferentes, aumentamos a eficácia, a flexibilidade e a criatividade de nossa equipe.

9
PROBLEMAS DE HORÁRIO E PONTUALIDADE

Chegar tarde, sair mais cedo, demorar muito na hora do almoço, resolver assuntos pessoais no horário de trabalho – os funcionários são bastante criativos quando se trata de usar o horário do expediente para fazer qualquer coisa exceto trabalhar. Ao mesmo tempo, raramente parecem concentrados e criativos na execução de suas obrigações. Como lembrar aos funcionários que o horário de expediente serve para o trabalho?

São 9h30, onde está minha equipe?

Algumas vezes, o escritório todo perde a noção do tempo – e da necessidade básica de aparecer para trabalhar. Antes de conversar com alguém, tente descobrir por que isso ocorreu. As regras foram passadas de modo claro? O sistema de horários flexíveis é complicado demais? Existe algum motivo para o grupo estar desanimado? Faça uma análise – tente ver onde vocês estão, por que acredita que estão ali e defina aonde quer que a equipe chegue.

Reúna todos e comece dizendo: "*Está na hora de recomeçarmos do zero*". Dê sua opinião sobre a situação atual e exponha o objetivo desejado. Antes de falar sobre o que acredita ser a causa do problema, peça a opinião de todos. Talvez eles analisem a situação de modo muito diferente. E você precisa começar de onde todos estão para conseguir reuni-los.

Quando toda a equipe tiver compreendido quais são as necessidades da empresa, defina um objetivo específico e faça com que o grupo formule um plano para alcançá-lo. Registre tudo por escrito e reúna-se regularmente com a equipe para garantir que todos se mantenham no caminho certo.

"Puxa, perdi a reunião!"

O que fazer se um membro da equipe falta a uma reunião importante? Em primeiro lugar, minimize o prejuízo. Peça a alguém que substitua a pessoa ou remarque a reunião. Depois disso, é hora de analisar o problema e sua origem:

- Foi um incidente que aconteceu apenas uma vez, como o funcionário se esquecer da reunião, perder a hora ou enfrentar uma emergência?
- Ele telefonou para avisar sobre o problema? Em caso negativo, por que não?
- Isso parece ser parte de um problema comum ou regular?

Se o membro da equipe realmente foi atrapalhado por uma emergência e telefonou para avisar, diga: "*Essas coisas acontecem, já passei por algo parecido*" e esqueça o assunto. Se foi uma emergência, mas a pessoa não ligou para avisar, diga: "*A partir de agora, é importante ligar e dizer a alguém o que fazer*". Ou seja, ele não deve telefonar e simplesmente falar: "Vou faltar à reunião", mas dizer à equipe como lidar com a reunião na ausência dele.

Se a ausência fizer parte de um problema maior, diga: "*Imprevistos acontecem de vez em quando, mas isso parece ser mais do que apenas um imprevisto. Por favor, me conte o que está acontecendo*". Descreva diversos incidentes ocorridos e pergunte se há algum problema por trás deles. Depois, ajude o membro da equipe a formular um plano de ação para resolver a dificuldade e comparecer aos lugares onde deve estar.

Os pequenos atrasos se acumulam

Algumas pessoas acreditam que poucos minutos aqui e ali não têm importância. E, em algumas atividades e locais de trabalho, não têm mesmo. No entanto, em algumas funções, como a de recepcionista, a pontualidade é essencial. Em outras, às vezes é preciso prolongar o expediente em alguns minutos ao final do dia para ter certeza de que as coisas serão finalizadas.

Certifique-se de que os membros de sua equipe pensem em duas coisas:

- *Isso funciona neste trabalho?* Ou seja, o comportamento cria problemas de produtividade e de atendimento ao cliente?
- *É justo?* Se uma pessoa faz algo um pouco diferente dos outros, isso acaba sendo justo para todos?

Quando o funcionário perceber como as pessoas de seu convívio encaram a atitude dele, estabeleça com ele um acordo sobre a nova política e o comportamento desejado.

Exemplo: Encontre esses cinco minutos em algum lugar

Esta história foi contada por um gerente de uma grande empresa. Um novo membro da equipe estava sempre cinco minutos exatos atrasado. Quando lhe perguntaram o motivo do atraso, ele disse que tinha a opção de pegar dois ônibus para ir ao trabalho, um que chegava dez minutos antes e outro que chegava cinco minutos depois do horário de entrada. O chefe mostrou a ele em quanto tempo cinco minutos por dia se transformam ao término de um ano – mais de oito horas. Dessa forma, o funcionário trabalhava o equivalente a um dia a menos que todos os outros. O gerente disse: "Pegue o ônibus que chega antes, ou diminua em cinco minutos seu horário de almoço, ou saia mais tarde, mas encontre cinco minutos em algum lugar". O membro da equipe entendeu a mensagem e corrigiu o comportamento.

Almoços longos demais

Quando um membro da equipe prolonga com freqüência o horário de almoço – quer isso ocorra vários dias por semana ou apenas um ou dois dias, mas toda semana –, duas perguntas obviamente surgem: "Aonde ele vai?" e "Por que ele não está trabalhando?"

Essas duas perguntas, feitas sem julgamento, são boas ferramentas de diagnóstico. Ou ele tem alguma coisa para resolver mais importante que o trabalho, ou algum tipo de medo, estresse ou ansiedade o está impedindo de realizar suas obrigações. De qualquer modo, isso atrapalha a produtividade, e é um direito seu saber o que está acontecendo e solicitar uma mudança de comportamento.

Se o motivo for razoável, como visitar um parente idoso que recentemente foi internado em uma casa de repouso, então os únicos problemas são que o membro da equipe não o informou a respeito da questão e que um sistema de compensação de horas precisa ser estabelecido. Se um problema relacionado ao trabalho for o motivo dos almoços mais longos, ajude o funcionário a resolvê-lo. Mas tenha consciência de que ele pode ter alguma outra questão séria para resolver. Por isso, aborde o assunto com clareza e cuidado.

"Precisamos conversar sobre seus almoços prolongados e o efeito que eles têm em sua produtividade" é uma boa maneira de começar. Faça o que puder para tornar a conversa saudável, escutando o que o funcionário disser e permitindo que ele direcione o diálogo. Por exemplo, se ele sai para caminhar e pensar no trabalho e tem um desempenho excelente, talvez você deva comprar tênis para todos na equipe.

São cinco horas em algum lugar... mas não aqui

A frase "São cinco horas em algum lugar" vem de uma canção cuja letra fala de um homem, insatisfeito com seu trabalho, que bebe durante o almoço e não volta para a empresa. Em alguns ambientes de trabalho, sair na metade do dia por um bom motivo é normal. Minha empresa realiza grandes projetos e eu levo a equipe toda para comemorar às duas da tarde depois de uma conquista importante. Mas, quando um funcionário sai para beber e não volta para a empresa, ou retorna sem condições de trabalhar, a situação é grave.

No dia seguinte, converse com o funcionário a sós e diga: "*São cinco horas em algum lugar, mas não aqui. O que aconteceu ontem?*" Não permita que ele fuja do assunto. Se ele não consegue resolver o problema sozinho, precisa de ajuda.

Ausências eventuais

Quando um membro da equipe se ausenta inesperadamente – perdendo meio período ou um dia inteiro de trabalho de vez em quando – durante um tempo, a produtividade é afetada. Pode haver um bom motivo. Ele pode ter um problema de saúde ou pode estar cuidando de um filho ou parente idoso doente. Algumas vezes, as circunstâncias vão lentamente afetando a pessoa, e ela não consegue perceber a gravidade da situação até que você decida lhe mostrar.

Por outro lado, o mesmo comportamento pode ser um sinal de questões mais complicadas, incluindo vício em drogas por parte do funcionário, de uma pessoa da família ou de um amigo próximo. Esteja atento a comportamentos que indiquem algum vício, como o hábito de jogar, além do uso de drogas.

A pergunta principal é: Você confia na honestidade do membro da equipe e na capacidade dele de cuidar das responsabilidades profissionais? Em caso afirmativo, seja flexível e dê apoio. Por outro lado, se não tiver certeza da honestidade ou do comprometimento da pessoa, seja firme pelo bem da empresa. Defina uma mudança de comportamento e estabeleça um prazo para que ela aconteça.

Isso pode se tornar complicado. Leia atentamente a seção sobre problemas de saúde dos funcionários no capítulo 20. Assim, quando conversar com ele, diga: "*Você tem faltado muito ao trabalho. Eu devo ficar a par do que está havendo?*" Se ele disser não, concentre-se nas exigências do trabalho e nas conseqüências. Além disso, fale a ele sobre os recursos disponíveis no departamento de recursos humanos. Se ele decidir contar qual é o problema, seja compreensivo e claro, mas fique atento a sinais de desonestidade. Além disso, incentive o funcionário a conversar com o departamento de recursos humanos sobre problemas de saúde que afetam o trabalho.

O horário era flexível, mas quebrou

Às vezes, a política de horários da empresa dá errado. As regras sobre banco de horas, horário flexível e horas extras são esquecidas ou – o que é mais comum – o tempo não está sendo controlado o bastante para que o sistema funcione. Se a produtividade está boa, talvez isso não importe. Mas, se está caindo, ou as pessoas anunciam de repente que vão tirar um dia de folga pelo banco de horas, as regras precisam ser esclarecidas.

"*Vamos recomeçar do zero com a política de horários flexíveis*" é um bom modo de começar. Crie um sistema gerenciável no qual as horas trabalhadas a mais sejam registradas e conferidas e no qual as políticas sobre a compensação de horas fiquem claras para todos. Crie uma maneira justa de contabilizar as horas que já existam no banco de cada funcionário quando o novo sistema começar.

A mesma desculpa todas as vezes

Se um funcionário sempre se atrasa ou sai mais cedo do trabalho e dá sempre a mesma desculpa, duas coisas podem estar acontecendo. Ou a situação – por exemplo, um filho doente – é mais complicada do que ele pensa ou ele não está dizendo a verdade.

No primeiro caso, você precisa ajudar o membro da equipe a organizar a própria vida de modo que o trabalho dê certo. *"Vamos ajudá-lo a pensar numa solução"* é um bom começo. Defina o que o trabalho requer e a flexibilidade que pode ou não ser dada – e por quê. Perceba que algumas situações talvez não tenham solução, mas, com pessoas que se concentram nos resultados e não nas regras e querem trabalhar juntas para fazer com que as coisas funcionem, uma solução que equilibre vida pessoal e trabalho pode ser encontrada.

Se você não acredita na história contada pelo funcionário, a situação é pior do que parece. Digamos que ele afirme ser um caso de doença. Você quer mesmo tratá-lo como criança, pedindo um atestado médico? Faça um esforço para restabelecer confiança, mas, se não for fácil, leia o capítulo 20.

Cada vez uma desculpa diferente

Às vezes, o membro da equipe inventa cada vez uma desculpa diferente. Todas podem ser plausíveis, mas, ao analisá-las como um todo, você percebe que a vida dessa pessoa daria uma novela mexicana. Como um gerente disse sobre as histórias de um funcionário: "Quantas avós esse homem tem, para ter ido a tantos enterros?"

Infelizmente, mentiras plausíveis fazem parte da vida de alguém que tem algo a esconder, como um vício. É difícil ter certeza sem se intrometer na vida da pessoa. Talvez nunca saibamos ao certo. Por isso, precisamos nos concentrar no fato de que ela não está realizando seu trabalho. Simplesmente estabeleça um limite de ausências permitidas – com ou sem justificativa – e observe de perto o desempenho e o comportamento do funcionário. Se alguma coisa parecer estranha, cuide da situação com as dicas do capítulo 20.

Fazer hora extra o tempo todo

Algumas vezes, a verdadeira cultura corporativa está bem distante do que foi registrado por escrito. Talvez as pessoas costumem trabalhar entre sessenta e setenta horas por semana. Se for o caso, o que acontece quando um novo membro da equipe trabalha as quarenta horas normais na semana? É um caso de incapacidade de adaptação? Às vezes, mas nem sempre. Já vi empresas cujas equipes misturam trabalhadores compulsivos e homens e mulheres voltados à família e que limitam o horário de trabalho. Todos contribuem, e os resultados individuais e do departamento são ótimos. Não devemos permitir que a cultura da empresa ou idéias a respeito de quanto tempo cada um trabalha se tornem mais importantes que a produtividade – que é a prioridade do departamento.

Além disso, um funcionário ou a equipe toda trabalhar até mais tarde pode ser um sinal de dedicação – ou de má administração do tempo. Conheço uma grande empresa que dá bônus às equipes de projetos que realizam bom trabalho. Antigamente, ela dava prêmios a quem trabalhava no fim de semana. Mas depois a administração percebeu que estava recompensando o mau planejamento. Os verdadeiros heróis da empresa eram as equipes que completavam os projetos no tempo certo, sem ter que fazer hora extra.

Se surgirem conflitos em relação a esse assunto, separe cultura empresarial, regras da empresa e os resultados do trabalho. São estes que mais interessam.

10
PROBLEMAS DE ATITUDE

Respeito é essencial em todos os relacionamentos. O respeito mais básico é tratar as pessoas como seres humanos, responsáveis pelas próprias decisões. E então podemos ajudá-las a ver as conseqüências de suas escolhas. Também podemos respeitar os talentos e habilidades de cada um, valorizando o que cada membro da equipe consegue fazer. Quando respeitamos um problema, reconhecemos o que o membro da equipe *não consegue* fazer, se precisa de mais tempo ou de auxílio com determinada situação ou se a equipe precisa de ajuda externa especializada.

Também é importante respeitar a nós mesmos, nossas habilidades e limitações. Uma auto-avaliação realista nos dá a possibilidade de fazer o que sabemos e de aprender o que não sabemos.

Quando respeitamos nossa equipe, damos exemplos de como analisar e se relacionar com os outros. Com essa base, podemos intervir – se necessário – quando a falta de respeito dentro da equipe começa a atrapalhar o bom andamento do trabalho e o ambiente saudável.

Respeito pelas pessoas

O que fazer quando um membro da equipe demonstra falta de respeito pelas pessoas em geral? Isso pode se manifestar na forma de atitudes sarcásticas ou cínicas ou de preconceito em relação a um grupo de pessoas. Geralmente, tais atitudes têm raízes psicológicas ou sociais profundas e ocultas, mas não nos cabe tentar descobri-las. Nossa função é ajudar todos os membros da equipe a participar de um ambiente de trabalho saudável.

A solução é a regra de ouro: *Trate as pessoas da mesma maneira como gostaria de ser tratado*. Mas você é um líder, não um filósofo. Assim, siga estes passos quando tiver que conversar sobre esse assunto com um membro da equipe:

1. Concentre-se em comportamentos específicos – escolha de palavras, tom de voz, falta de receptividade.
2. Diga ao funcionário como as pessoas reagem a esses comportamentos. Fale com cuidado: "*As pessoas me dizem que...*"
3. Pergunte a ele: "*É essa a impressão que você quer passar?*"
4. Em geral, a resposta é "não". Então você pode dizer: "*É sua obrigação se comunicar de modo eficiente – encontrar uma maneira de se expressar corretamente e passar a impressão que quer passar. Posso ajudá-lo a pensar numa solução?*" Se ele concordar, comece a falar sobre o que ele realmente quer passar para as pessoas, utilizando exercícios nos quais situações sejam simuladas para avaliar se as orientações vão surtir efeito.
5. Se ele responder "sim" à pergunta do passo 3, o que significa que quer afastar as pessoas, pergunte: "*Por que você não quer se dar bem com a equipe?*" ou "*O que o aborrece?*" e veja onde a discussão vai parar.
6. Depois da conversa, diga à equipe que o funcionário que estava sendo desrespeitoso está tentando melhorar e que deve ganhar uma segunda chance.

Respeito pelas funções

Acontece, algumas vezes, de um membro da equipe não respeitar a função de outra pessoa – um cliente, o chefe, um especialista, um executivo sênior. Por exemplo, as palavras "Você pode, por favor..." têm significado diferente quando ditas por um membro da equipe, que as usa como um pedido, e quando ditas por um executivo sênior, que as usa como uma forma educada de dar uma ordem. No primeiro caso, o funcionário pode responder: "Desculpe, mas não tenho tempo". No segundo caso, não.

Quando uma pessoa está na posição de ser servida – seja por ser um cliente ou por ser um superior hierárquico –, os membros da equipe devem escutar o pedido e atendê-lo, procurando realizar um bom serviço, a menos que o pedido realmente não tenha sentido. Quando uma pessoa está na posição de ser ouvida, os funcionários devem aprender a escutá-la, entendê-la e argumentar de forma ativa e respeitosa quando houver um desacordo. Por exemplo, é melhor dizer: "Não sei se isso funcionaria" do que "Não, isso não funcionaria".

Diga ao membro da equipe: *"Como pessoas, somos todos iguais, mas você também precisa respeitar a função, a experiência e o conhecimento de cada um"*. Existem outras frases úteis em situações particulares: *"O cliente pode estar errado, mas sempre tem razão"* e *"Vale a pena escutar, pois ele tem conhecimento"*.

Quem manda aqui?

Às vezes nossos subordinados não reagem bem a nossas ordens ou orientações, e temos vontade de gritar: "Eu mando aqui!"

Mas isso não dá certo. Procure perguntar a si mesmo: *"O que exatamente está me incomodando no comportamento desse funcionário?"* Separe o que ele está fazendo da reação que você tem a isso. Depois pergunte: *"Minha reação é razoável?"*

Se não for, então não há nada a dizer ao membro da equipe. Você precisa mudar sua reação. No entanto, se sua reação for cabível, você terá que conversar com ele. *"Quero saber como você reage quando eu digo..."* é uma boa maneira de começar. A partir daí, esclareça qualquer mal-entendido a respeito da intenção do funcionário. Talvez ele possa encontrar outras maneiras de responder a você, com outras palavras.

Pode ser que surja uma situação mais difícil. Talvez o membro da equipe não se sinta respeitado por você ou tenha mágoas devido a um incidente anterior. Talvez exista uma grande diferença cultural atrapalhando as coisas. Se for esse o caso, diga: *"Quero que trabalhemos juntos para resolver isso. Você quer o mesmo?"* A partir de então, tome o rumo adequado.

Agir de modo superior aos colegas

Às vezes, pode acontecer de um funcionário – conscientemente ou não – desempenhar o papel de especialista ou de autoridade da equipe. Agir desse modo – criticando as pessoas em vez de auxiliá-las, por exemplo – não ajuda o grupo. Existem dois problemas que precisam ser analisados: O membro da equipe realmente tem alguma coisa especial para oferecer? Por que age dessa maneira?

A resposta à primeira pergunta costuma ser sim, pois todos têm algo especial a oferecer. Reconheça o conhecimento e a experiência – e peça aos outros funcionários que façam o mesmo.

Diga ao membro da equipe: *"Respeite a todos como pessoas e valorize as diversas qualidades de seus colegas"*. Pergunte a ele: *"Como você se sente em relação às pessoas da equipe? Como acredita que elas se sentem em relação a você?"*

Se ele criticar os outros, dizendo que são incompetentes ou que não têm conhecimento suficiente, diga: *"Então, ajude-os com seu conhecimento, em vez de criticá-los"*.

Se ele acreditar que os outros o criticam ou que não se encaixa na equipe, diga: *"Isolar-se agindo de modo superior não vai adiantar. Trabalhe com eles e eles trabalharão com você"*.

Uma questão pode se esconder sob ambos os problemas: aceitação. Ajude o funcionário a se aceitar e a aceitar que essa é a equipe com a qual ele deve trabalhar. Com aceitação, podemos ajudar uns aos outros.

Sempre pegando no meu pé

Às vezes, o membro da equipe age de modo um tanto insolente com a pessoa a quem se reporta. Os psicólogos dizem que esse é provavelmente um caso de transferência – o funcionário tem problemas com o pai ou a mãe, mas os desconta em você. Se esses confrontos não forem desrespeitosos, podemos aceitá-los. Mas, quando atrapalham a boa comunicação e o trabalho eficiente, alguma coisa precisa mudar.

"*Gostaria de conversar com você sobre o modo como trabalhamos juntos*" é uma boa maneira de colocar o funcionário no mesmo patamar que você. Depois conte a ele qual é sua impressão sobre o comportamento dele. Frases como "*Quando você faz isso, tenho a impressão de que...*" ajudam. Às vezes é bom pensar em frases específicas, que nos lembrem de que não devemos nos deixar levar pelas reações, ou que nos façam parar, respirar e agir de modo mais leve.

Diga ao membro da equipe que você o respeita e valoriza. Pergunte se você diz ou faz algo que o deixa na defensiva ou o faz se sentir desvalorizado. Se ele citar alguma coisa, analise o comportamento. Tente mudar sua maneira de agir, se achar a resposta razoável. Se não tiver certeza de que conseguirá agir de outro modo, diga a ele algo como: "*Quando eu digo [o que for], sinto muito se passo essa impressão. Na verdade, o que quero dizer é [a mensagem em questão], mas, se não parecer, espero que você se lembre de que não estou agindo como você pensa*".

As pessoas são todas iguais: hábitos e atitudes são difíceis de mudar. O segredo é construir um relacionamento mais amplo e deixar que o comportamento desagradável seja uma parte irrelevante dele, que não atrapalha o bom andamento das coisas.

Sempre pegando no pé um do outro

Pode acontecer de dois membros da equipe se envolverem em um tipo de provocação. Se isso gerar boas idéias e o trabalho realizado for eficaz, ótimo. Mas, se um deles se sentir desconfortável ou ameaçado, é hora de pedir aos dois que reavaliem o relacionamento. Reúna-os e pergunte: "*Vocês podem encontrar uma maneira de resolver isso?*"

Exemplo: É com maturidade que se lida com pessoas imaturas

A primeira vez que exerci a função de gerente, tinha dez alunos-assistentes, muitos dos quais trabalhavam até tarde. Certa vez, quando eu não estava presente, um deles me telefonou. Ele e outro membro da equipe quase tinham se atracado. Pelo telefone, conversei com ele sobre como resolver o problema. Posteriormente, reuni-me com cada um deles individualmente e escutei as duas versões da história. Os dois afirmaram que o outro havia usado palavras e gestos que provocaram reações inflamadas – e provavelmente ambos tinham razão.

Falei a mesma coisa a cada um deles: "*A maturidade não está na maneira como lidamos com as pessoas que nos tratam bem, e sim na maneira como lidamos com pessoas que estão sendo imaturas*". Ambos cresceram muito com essa experiência e passaram a contribuir mais com a equipe.

Maltratar um cliente

Às vezes as pessoas cometem grandes erros. Se um membro da equipe ficar nervoso com um cliente ou disser algo embaraçoso, todos ficarão em uma situação difícil. Mas quase nenhuma ação isolada – a menos que seja um crime ou termine em lesão corporal – traz conseqüências graves e duradouras. O segredo para a construção de uma boa equipe e para o bom desenvolvimento dos funcionários é permitir que as pessoas superem seus erros, aprendendo com eles.

"*Ficar nervoso com um cliente não é o fim do mundo*" deve ser dito, seguido por: "*O que você pode aprender sobre si mesmo com essa situação?*"

Se possível, faça com que o membro da equipe peça desculpas ao cliente em nome da empresa.

Podemos assumir uma abordagem parecida se um funcionário disser algo que ofenda um superior. Pode haver a necessidade de esclarecer as coisas dos dois lados. Pode ser desafiador estabelecer um bom relacionamento com pessoas em posições hierárquicas superiores, mas vale a pena tentar, porque isso lhe confere autoridade para resolver situações e manter a equipe crescendo.

Para o superior, envie um *e-mail* dizendo: "*Avise-me se quiser conversar com o membro da minha equipe sobre o que aconteceu*". Converse com o funcionário entre o envio da mensagem e a conversa com o superior e resolva a questão da melhor maneira. Depois disso, você pode conversar com o superior. Procure ouvir mais que falar, mas pode dizer: "*Já conversei com o membro da minha equipe sobre isso, mas, se você quiser que eu diga mais alguma coisa a ele, é só me falar*".

11
PROBLEMAS ENTRE GERAÇÕES

Algumas vezes, a idade se torna um problema. Pessoas nascidas com décadas de diferença têm éticas de trabalho distintas. Enquanto as mais jovens não se habituam à rotina do escritório, as mais velhas não conseguem se adaptar às mudanças. Você será idoso algum dia. É ou já foi jovem. Um pouco de compreensão ajuda e muito.

O segredo é que o respeito por todas as pessoas venha em primeiro lugar, e questões de idade, experiência e *status* venham em segundo. Se tivermos isso em mente, podemos ensinar por meio do exemplo e perceber que uma equipe com integrantes mais jovens e mais velhos é um grande trunfo. Se esquecermos que o respeito pelas pessoas vem em primeiro lugar, corremos o risco de permitir que preconceitos reduzam a qualidade do ambiente de trabalho e prejudiquem o desempenho. Além de problemas bem conhecidos, como racismo, sexismo, preconceito contra etnias, nacionalidade, religião e preferência sexual, precisamos estar atentos a mais dois. Um deles é o preconceito de idade, em relação a pessoas mais jovens ou mais velhas. E o outro é o preconceito hierárquico.

Compreender o preconceito de idade e o hierárquico é essencial para o líder. É preciso valorizar a função, o conhecimento, o *status* e a hierarquia. Por exemplo, uma enfermeira não pode tomar as mesmas decisões que um médico e, em algumas situações, ela deve seguir as instruções dadas pelo médico sem questioná-las. O desafio é evitar o abuso com base na qualificação, posição ou *status*. Nos hospitais em que os médicos são treinados para trabalhar bem com as enfermeiras, há menos rotatividade de pessoal e melhor tratamento aos pacientes, a custo reduzido.

A chave para evitar ou resolver essas situações difíceis é respeitar todas as pessoas – como seres humanos – antes de considerar qualquer diferença. Assim, abrimos espaço para a diversidade no ambiente de trabalho, ao mesmo tempo em que mantemos uma sociedade civilizada e uma equipe produtiva.

Exceção: Em algumas áreas, a idade é importante

Existem algumas áreas em que a idade importa – porque tem importância para o cliente. Se a empresa vende produtos para adolescentes, faz sentido ter uma equipe mais jovem de vendas ou de propaganda. Se você trabalha com produtos ou serviços voltados para aposentados, um time mais velho de atendimento ao cliente pode ser mais eficaz.

No entanto, esses são assuntos relacionados a planejamento, imagem corporativa, relações públicas e recursos humanos. É importante distinguir uma necessidade real da empresa do preconceito de idade que ainda existe na sociedade. Por exemplo, antigamente as empresas aéreas exigiam que as aeromoças fossem jovens e atraentes. Hoje isso não é mais aceitável (nem legal).

Mesmo em áreas em que a idade tem importância, a diversidade e a experiência ajudam. Walt Disney continuou criando desenhos para crianças quando já era um homem de idade. Programas de televisão que têm os jovens como público-alvo se beneficiam de equipes mais velhas e experientes. E um ponto de vista novo, recém-saído da universidade, pode ajudar a resolver problemas com clientes idosos.

A lição: Nossa obrigação é garantir que a empresa se beneficie das qualidades que cada funcionário – jovem ou velho – tem a oferecer.

Negócios: a geração anterior

Às vezes, apesar de sermos os líderes, somos novos no pedaço. Podemos ser responsáveis por uma equipe na qual as pessoas que se reportam a nós trabalham ali há mais tempo, têm mais experiência ou são mais velhas que nós. A primeira coisa a fazer é valorizar o talento de cada um. Independentemente de verbalizarmos isso ou não, devemos nos aproximar de cada pessoa mais velha e mais experiente com o seguinte pensamento: *Reconheço sua experiência e o que ela traz à equipe. Estou ansioso para aprender com você durante nosso trabalho juntos.* Se você acreditar que será bem recebido, diga isso à pessoa. Mas lembre-se de que um elogio específico às habilidades e resultados é melhor que um elogio geral. Assim, você pode dizer algo como: *"Você fez isso muito bem e ajudou a equipe a realizar o trabalho"*.

Assuma uma atitude de valorização e respeito ao abordar problemas que possam estar relacionados a diferenças de idade e experiência, como um funcionário mais velho ou mais experiente que:

- relute em aprender novos métodos, ferramentas ou tecnologias;
- não respeite sua função como gerente, não escute suas sugestões ou orientações;
- não valorize as contribuições dos funcionários mais jovens;
- não trabalhe bem com pessoas menos experientes – seja impaciente com quem ele considera menos competente.

Antes de fazer qualquer coisa, certifique-se de que existe um problema – algo que afete o desempenho e os resultados do trabalho. Diferenças de estilo e de maneiras de trabalhar em equipe – estejam elas relacionadas a idade ou a qualquer outra coisa – não são, em si, um problema.

Por que sua expressão de respeito é tão importante? Porque geralmente a resistência é o resultado da sensação de inadequação ou incerteza em relação ao trabalho. *"Vamos conversar sobre isso, pois aprecio sua contribuição"* é uma boa maneira de começar. Continue com o que melhor couber na situação:

- Para superar a resistência a novos métodos: *"Você executa um bom trabalho, e quero que aprenda a usar este novo [computador, recurso, método]"*. Em seguida escute, procure a cooperação do funcionário e verifique que treinamento ou prática é necessário para fazer tudo dar certo.
- Para aumentar o respeito do funcionário por você: *"Espero que você também aprecie minha contribuição. Quando você [diz ou faz alguma coisa], acredito que talvez você não me valorize ou não me aceite bem como seu chefe"*. Explique como se sente. Depois, permita que ele fale.
- Para aumentar o valor que ele dá à contribuição de outros membros da equipe: *"Quero que você valorize o que os outros estão fazendo também"*. Depois, aborde a situação específica. Saiba que o funcionário mais velho pode não ter percebido que fez algo que ofendeu alguém.
- Para fazer com que ele reconsidere uma atitude crítica em relação aos membros da equipe: *"Quero que você valorize o trabalho de todos da equipe. Nem todos têm sua experiência. Você pode ajudá-los, em vez de criticá-los?"*

"As coisas não são mais como antes"

Ao escutar essa reclamação dita por uma pessoa com grande experiência – de vida ou de trabalho –, o melhor a fazer é ser simpático, porém levar o comentário a sério. *"Tem razão. O que você não gosta a respeito de como as coisas são hoje?"* é uma boa maneira de começar. Escute, porque pode ser que o funcionário só precise reclamar antes de aceitar a mudança. E porque talvez a voz da experiência esteja lhe dizendo algo que você deve saber – uma maneira boa de fazer algo que está sendo perdida, um possível problema com o novo sistema ou uma mudança que pode afetar a produtividade ou o sucesso do negócio.

Se você encontrar alguma questão que precise ser abordada, chame a equipe para resolvê-la. Alguns problemas só podem ser enxergados pelas pessoas experientes e resolvidos por aquelas com um ponto de vista novo. Você pode começar a reunião dizendo: "*[O funcionário em questão] percebeu uma situação que pode afetar todos nós. Vamos trabalhar para compreendê-la e encontrar uma solução*".

"Ninguém me respeita"

Essa frase indica um problema na equipe. Às vezes, as pessoas com mais experiência ou formação esperam ser tratadas de maneira diferente. Mas, em uma cultura diversificada, os outros membros da equipe podem não conceder tratamento especial a pessoas com *status* especial. Para eles, pode ser mais importante o fato de todos sermos iguais como pessoas.

Se algum funcionário reclamar de falta de respeito por parte dos colegas, leve a reclamação a sério. O problema pode ser desde um pequeno desentendimento até uma questão de discriminação. É importante que você descubra o que está havendo e reaja de modo eficaz.

Por exemplo, um membro da equipe pode estar acostumado a receber tratamento especial. Talvez no passado ele tenha tido uma secretária ou assistente e não precisasse executar determinadas tarefas. Talvez ele acredite que o título de diretor de pesquisas, juntamente com um certificado de MBA, signifique que ele não precisa se revezar com os outros na organização do escritório. Em casos assim, trabalhe com a equipe toda para criar regras básicas – como descritas no capítulo 5 – e diga à pessoa: "*No trabalho que você realiza, você é especial. Mas, como pessoas que trabalham juntas, nós todos dividimos as tarefas*".

No entanto, se o diretor de pesquisas disser que precisa trabalhar sem interrupções ou que as idéias dele precisam ser levadas a sério nas reuniões, ele tem razão. No primeiro caso, alguns trabalhos realmente não são bem-feitos se a pessoa for interrompida, então isso é uma questão de produtividade da equipe como um todo. Mesmo que haja uma política de portas abertas na empresa, o funcionário pode estabelecer horários em que as portas ficarão abertas e horários em que ficarão fechadas. No segundo caso, algumas pessoas contestam igualmente todas as idéias, independentemente de quem as deu. Isso pode ser visto como desrespeitoso pelos membros mais experientes e treinados da equipe. Eles podem ter a impressão de que estão recebendo a ordem de checar os pontos básicos, quando, por hábito, sempre o fazem. Nesse caso, você pode abordar o membro da equipe que gosta de fazer o papel de "advogado do diabo" e dizer: "*Queremos suas críticas construtivas. Mas, se quiser ser importante para a equipe, escute e compreenda antes de contestar. Às vezes é melhor perguntar: 'Pode me explicar isso melhor?' do que dizer: 'Isso não vai dar certo!'*".

Exemplo: Isso, sim, é experiência!

Certa vez, entrevistei um gerente de projetos que liderava uma equipe de engenheiros eletrônicos. O trabalho deles era construir ligações pela região do sul da Califórnia para que a empresa pudesse manter contato – entre as divisões da companhia e da sede aos grupos de serviço espalhados pela região. O gerente de projetos trabalhava na área e especificamente na empresa havia doze anos. Seus projetos eram caros – principalmente quando falhavam. Perguntei-lhe qual era o segredo do sucesso. Ele respondeu que, com apenas doze anos de experiência, era novo na área. Contava com muitos membros de sua equipe – cada um com mais de vinte anos na área – para oferecer experiência e conhecimentos técnicos que garantissem o sucesso.

A lição: Apenas porque somos gerentes, não significa que sabemos mais que os membros de nossa equipe. Respeite a experiência, o conhecimento e o talento de seu grupo. Confie nele. Permita-se até mesmo ser voto vencido quando eles estiverem certos e você errado.

Negócios: a geração seguinte

Algumas vezes, temos dificuldade de gerenciar o trabalho de pessoas mais jovens que nós. O primeiro passo é checar se estão sendo feitas suposições – talvez apenas não estejamos entendendo ou sendo compreendidos. Crie ou encontre exemplos verdadeiros de trabalho bom e ruim e converse sobre as conseqüências do trabalho bem-feito: satisfação dos clientes, cumprimento de metas, realização do que precisa ser feito. Freqüentemente, pessoas com menos experiência pensam, mesmo sem perceber, que o trabalho é como a escola, ou que o trabalho nesta empresa é como aquele feito em qualquer outra, talvez mal gerenciado.

Comece dizendo: "*Vamos nos concentrar no trabalho*". Coloque a atividade diante de você e da outra pessoa – sobre uma mesa, um quadro ou um *flip chart* – e fique ao lado do funcionário. Troquem opiniões e resolvam o assunto juntos, lado a lado, e não de frente para ele. Quando me sento diante da pessoa, ela precisa olhar para mim de frente. Assim eu – minha posição de chefe, minha idade – me torno altamente visível e o foco da situação. Em vez disso, vamos ficar ao lado dos membros de nossa equipe. Quando nos colocamos ao lado do funcionário e ele olha para o problema – na tela do computador, em um equipamento ou sobre uma mesa ou quadro –, as questões pessoais ficam de lado e os problemas profissionais podem ser abordados.

Estamos falando a mesma língua?

Às vezes, parece que nosso idioma muda a cada dez anos. Lembro-me de quando CD era algo relacionado a finanças – um comprovante de depósito. Agora, é uma maneira ultrapassada de escutar música, se você ainda não tiver um tocador de MP3. No programa de televisão *The Dead Zone*, Johnny Smith acorda de um coma de seis anos e descobre que George Bush é presidente novamente – a diferença é que se trata de outro George Bush, e o gosto musical de Johnny já está completamente ultrapassado.

Quando mal-entendidos como esses surgem em conversas casuais, o melhor a fazer é se divertir com eles. A receptividade e a disposição do líder em aprender ajudam os membros da equipe a baixar a guarda.

Mas, às vezes, tais mal-entendidos fazem diferença no trabalho. Sejam questões de tecnologia ou modismos, precisamos compreender nossos clientes e garantir que nossos funcionários entendam uns aos outros.

Quando se trata de questões sociais, não tenho problema algum em demonstrar minha ignorância. "*Não tenho assistido à televisão. Do que todos estão falando?*" é o que pergunto se acredito que isso vai ajudar a equipe. Quando se trata de questões relacionadas a tecnologia, digo: "*Quando me tornei gerente, tomei a decisão de não me manter atualizado a respeito das novas tecnologias. Consigo acompanhar suas idéias, mas preciso que você me ensine a terminologia e os detalhes*". Falando dessa forma, expresso dois princípios-chave: a diversidade ajuda a equipe e é bom ser honesto a respeito do que não se sabe.

Idade e preconceito

É discriminação julgar uma pessoa pela idade e, legalmente, isso pode ser uma violação aos direitos civis do funcionário. O mais comum é que haja preconceito contra idosos. Mas um jovem pode mover uma ação se sentir que foi tratado de modo injusto por causa da idade.

Como líderes, é melhor irmos além dos requisitos legais e termos certeza de que a idade das pessoas não é um problema no ambiente de trabalho. Podemos fazer isso de dois modos:

- *O que é bom para um é bom para todos.* Digamos que a empresa oferece um programa de prevenção de ataque cardíaco e derrame. Você pode apresentar o assunto dizendo: *"Pode parecer que isso interessa mais a alguns do que a outros. Mas quero que todos sejam saudáveis, por isso, quanto mais cedo começarmos, melhor. O que aprendermos pode ser útil para nós e nossa família. O que fizermos pode nos ajudar a viver por mais tempo – mas apenas se começarmos agora. Vamos fazer isso em equipe".*
- *Não tolere um ambiente hostil.* Quando uma ação por discriminação é movida por um funcionário, os advogados dele podem procurar provas de que o ambiente de trabalho é hostil. Nesse caso, você pode pensar que gostaria de ter coibido os *e-mails* que circularam pela empresa fazendo piada com a dentadura de uma funcionária idosa. Parecia inofensivo na época, mas agora está sendo usado como prova de que você permitiu que coisas desse tipo acontecessem, tornando a empresa responsável pelo que um funcionário fez com outro. Ensine a todos de sua equipe: *"Protejam a empresa e seus empregos. Sejam justos e respeitosos em todos os atos e palavras".* Se as pessoas reclamarem de não poderem mais contar piadas, diga: *"A vida já é engraçada o bastante sem piadas de mau gosto. Conte-nos o que você fez no fim de semana".*

"Estou sendo deixado de lado"

Se um membro da equipe reclamar de estar sendo deixado de lado – de ser excluído ou receber trabalhos irrelevantes –, leve essa reclamação a sério e a investigue. Pode ser um sinal de discriminação por idade e também um indício de assédio moral, como discutido no capítulo 7. Mesmo que seja algo menos grave, como um desentendimento dentro do grupo, lide com o assunto rapidamente para que ele não reduza o respeito e a produtividade e não se transforme em algo pior. Reúna-se com o funcionário e pergunte:

- O que está acontecendo?
- Quando isso começou? Qual é a diferença das coisas agora e de como eram antes?

Permita que o membro da equipe reclame, conte histórias, desabafe. Depois, concentre-se na criação de uma lista de fatos e de um quadro de comparações. Focalize primeiramente os itens profissionais, como importância das tarefas e inclusão em reuniões, mas também leve em conta as interações sociais. Informe o departamento de recursos humanos sobre a situação e peça orientação, conforme você pode ver no capítulo 20. Ao mesmo tempo, use seu poder e sua influência para reequilibrar a situação, de modo que todos os membros da equipe sejam valorizados e integrados, melhorando o desempenho do grupo.

Exemplo: Pequenas coisas se acumulam

Em meu segundo emprego depois da faculdade, fui deixado de lado. Uma série de pequenas ações ocorreram, mas o chefe justificava todas elas. Fui promovido a gerente, mas ganhei uma sala do outro lado do corredor, distante de todos, com o seguinte pretexto: "Não temos espaço aqui". Os funcionários participaram de um *workshop* ministrado por um especialista vindo do Japão e ninguém me informou sobre isso. Eu queria prolongar meu horário de almoço para poder assistir à Maratona de Boston, mas estava sendo tão criticado que não ousei pedir licença e compensar as horas posteriormente – e o escritório todo foi à maratona sem mim. "Nós nos esquecemos de chamá-lo."

Naquela época, percebi que alguma coisa estava errada. Agora, sei que fui vítima de assédio moral. A empresa perdeu um bom funcionário – e tive que me esforçar muito para reconstruir minha auto-estima.

A lição: Tome cuidado para não ignorar essas pequenas coisas. Se você não tomar uma providência para reverter a situação, elas se acumulam e se tornam um problema maior.

12
PROBLEMAS DE JUSTIÇA

Tenho um amigo que almejava uma promoção, mas outra pessoa foi promovida no lugar dele. Ele foi até o chefe que tomou a decisão e disse: "Isso não foi justo". O chefe respondeu: "A vida nem sempre é justa". Meu amigo pediu demissão e conseguiu um emprego melhor. A empresa saiu perdendo, pois meu amigo é ótimo no que faz. Por que ele pediu demissão? Ele sabe que a vida nem sempre é justa. O problema é que o chefe negou a responsabilidade. Teve a chance de tornar a vida justa e a desperdiçou. Se tivesse respondido de um modo diferente, talvez dizendo: "Não foi justo, mas vou explicar por que tive que fazer isso", meu amigo poderia ter permanecido na empresa.

Precisamos assumir responsabilidade por nossas escolhas e ajudar nossa equipe a superar acontecimentos injustos, para que ela possa se manter concentrada no trabalho. Isso faz parte de uma tarefa mais ampla: tornar o ambiente de trabalho o mais justo possível em um mundo que muitas vezes é injusto.

Promessas não cumpridas

Quando um membro da equipe acredita que uma promessa não foi cumprida, temos que saber lidar com isso. Caso contrário, ele vai lidar com o assunto sozinho. Assim, sofrerá duas decepções: a de ter a promessa quebrada e a indiferença do líder e da equipe. Ou, se a equipe o apóia e você não, um conflito pode surgir entre administração e funcionários – entre você e a equipe.

A pergunta a fazer é simples: "*O que aconteceu?*" Ao escutar a resposta e saber o que houve pelo que os outros dizem também, devemos tentar responder às seguintes questões:

- Trata-se de um caso de promessa não cumprida, ou é apenas um mal-entendido?
- Qual era a promessa? Foi feita por escrito?
- Quem fez a promessa? Um membro da equipe? A direção da empresa? Alguém que representa a empresa?
- Como nos envolvemos nesse caso?

Dependendo da situação, devemos tomar uma das seguintes atitudes:

- *Se a promessa não foi cumprida e estiver em nosso alcance cumpri-la*, devemos fazê-lo ou chegar o mais próximo disso, pedindo desculpas pelo que não pudemos fazer.
- *Se outra pessoa fez uma promessa clara ao membro da equipe*, devemos nos dirigir a ela, com o funcionário ou em nome dele, e pedir que cumpra o que prometeu.
- *Se houve um mal-entendido*, devemos esclarecer as coisas e apresentar os dois lados do modo mais justo possível. E devemos nos dispor a ir além para preservar o relacionamento entre o membro da equipe e a empresa. Também devemos aconselhar o funcionário a solicitar que as promessas sejam feitas por escrito e a ter cuidado com acordos feitos no futuro. Se o funcionário não for muito receptivo, diga: "*Eu incentivo a confiança, mas também o incentivo a se certificar de que todos compreendam uns aos outros*".
- *Se a promessa não foi cumprida e a situação não puder ser remediada*, precisamos ser muito claros sobre o porquê de a situação ter

acontecido e o que faremos para impedir que volte a ocorrer. Esse tipo de situação se encaixa nesta categoria: um funcionário recebe a promessa de um aumento salarial, mas logo depois a empresa impõe um congelamento de salários; ou um funcionário recebe a promessa de que gerenciará um projeto, mas logo depois o projeto muda e outra pessoa – verdadeiramente mais qualificada – é escolhida.

Quando promessas não cumpridas surgem de problemas de comunicação, fica mais fácil resolvê-las do que quando surgem de desonestidade ou falta de integridade – ou seja, de alguém que não se importa em manter a própria palavra. Vamos abordar essas situações mais difíceis ainda neste capítulo.

Analisando o outro lado

Às vezes, um membro da equipe acredita que algo seja injusto, mas simplesmente porque não consegue ver a situação toda. Nesse caso, diga: *"Preciso que você analise o outro lado da história. O seu lado é..."*. Faça um resumo da história que ele contou, para que ele se sinta valorizado e compreendido. Em seguida, continue dizendo: *"Do outro lado..."* e explique o outro ponto de vista e por que as coisas foram feitas daquela forma. Depois, verifique se a situação está resolvida ou se é preciso realizar alguma mudança ou tomar outra atitude.

Se duas pessoas da equipe estiverem envolvidas em um conflito desse tipo, você pode reuni-las e conversar com ambas ao mesmo tempo. Repita o que uma pessoa disse enquanto a outra escuta. Ao se colocar entre elas e permitir que as coisas se acalmem, geralmente é possível fazer com que as pessoas se escutem e resolvam as diferenças. Ao fazer isso, diga a elas: *"Escute junte comigo o que seu colega tem a dizer, e depois nós também escutaremos você"*.

"Isso não é justo"

Quando um membro da equipe diz: "Isso não é justo", você sabe que alguma coisa o chateou profundamente. Trata-se de uma frase muito sincera. E também demonstra que é hora de acalmar a situação. "*Compreendo*" é a melhor coisa a ser dita. Se o funcionário estiver muito nervoso ou contrariado, peça: "*Por favor, acalme-se e respire fundo*". Em seguida, diga: "*Vamos analisar isso passo a passo*". Pratique a escuta ativa, repetindo tudo que escutar, sem acrescentar nada. Em seguida, pegue uma folha de papel e diga: "*Vamos fazer um esboço disso*". Faça uma lista – ou um diagrama – da situação real, incluindo todos os pontos importantes.

Se outras pessoas estiverem envolvidas, agora é hora de reuni-las e ouvir todos os lados da história. Se elas estiverem muito zangadas umas com as outras, trabalhe com cada uma individualmente antes de reuni-las. Explique a situação e pergunte a cada uma: "*Isso foi justo?*"

Se alguém julgar a situação injusta, tente chegar a um consenso com a equipe em relação a dois pontos:

- O que deve ser feito nessa situação?
- O que deve ser feito para impedir que um problema como esse volte a ocorrer no futuro?

Escreva os resultados em um memorando. Essa é uma boa maneira de resolver problemas em equipe – e não devemos perder o registro dos resultados.

Inconfiabilidade crônica

Quando um membro da equipe é cronicamente inconfiável, uma situação injusta é criada para a equipe toda sob diversos aspectos. Outras pessoas precisam inventar desculpas no lugar dele e compensar as áreas nas quais ele falha. Ou, se o desempenho da equipe – e as recompensas – se basearem na produtividade da equipe, todos perdem devido aos hábitos ruins de trabalho da pessoa.

A verdade é que precisamos resolver essas situações rapidamente, ou bons funcionários vão acabar deixando a equipe e a empresa. Sempre que nos dispomos a dar uma segunda chance a um funcionário ruim, precisamos ter consciência do risco que estamos correndo em relação à equipe e à confiança dela em nós. Aqui estão algumas coisas nas quais você deve pensar:

- Trata-se de uma faca de dois gumes. Se você der uma segunda chance a um membro da equipe em um momento difícil e ele se superar, todos passarão a confiar mais em você, pois sabem que receberão ajuda na mesma situação. Por outro lado, se prejudicarmos a produtividade da equipe dando chance a um funcionário que não se esforça, acabaremos desanimando o grupo todo.
- A situação fica ainda mais complicada quando se tem informações confidenciais sobre os problemas do funcionário ruim. Os outros membros da equipe terão mais dificuldades em confiar em você se não puder contar o que está havendo.
- A situação fica ainda pior quando se descobre que na verdade o membro da equipe estava mentindo, preso a um vício ou envolvido em atividades criminosas. Nesse caso, a segunda chance dada a ele pode fazer com que você seja muito malvisto pela equipe.

É difícil tomar uma decisão nesse caso, pois provavelmente temos informações incompletas – e talvez até falsas – a respeito do motivo para o mau desempenho. Veja algumas atitudes a tomar para manter a situação sob controle:

- Exija progressos pequenos, reais e mensuráveis. Por exemplo, se o funcionário tem faltado ao trabalho e realmente precisa de mais

tempo para cuidar de assuntos pessoais, ajuste os horários de trabalho dele, mas exija que ele cumpra o combinado.
- Estabeleça prazos para cada progresso. Registre tudo por escrito – e não permita que as coisas fujam do controle.
- Obtenha ajuda do departamento de recursos humanos ou outro apoio, como vamos abordar no capítulo 20.
- Mantenha a equipe informada com freqüência, mesmo que tudo que você possa dizer seja: "Vou me reunir com ele duas vezes por semana para resolvermos esse problema. Por favor, ajudem o máximo que puderem enquanto sanamos a questão".
- Quando a situação estiver resolvida, conte à equipe. Permita que todos desabafem eventuais frustrações e diga a eles o que você aprendeu com isso. Se o problema levar à criação de novas regras, explique-as à equipe e certifique-se de que todos as compreendam.

Reclamação crônica

Alguns membros da equipe reclamam sem parar. Infelizmente, quando somos crianças, alguns de nós percebemos que conseguimos o que queremos quando reclamamos, por isso tal atitude se torna um hábito. Se a reclamação for leve e engraçada – ninguém for humilhado por ela – e não interferir no trabalho, podemos abrir espaço para ela. Mas, se as reclamações estiverem fazendo com que a equipe perca o foco, ou estiverem sugando a energia para o trabalho, ou estiverem sendo usadas para manipular a execução de tarefas, é preciso haver mudanças. Existem dois tipos de reclamação, e temos que lidar com cada um deles de modo distinto.

Se um membro da equipe estiver reclamando por capricho – para fazer outra pessoa realizar o trabalho dele ou conseguir que a equipe faça as coisas como ele quer –, diga: *"Reclamar não vai fazer com que você consiga o que quer"*. Diga a todos os funcionários que eles são responsáveis pela comunicação eficaz e que reclamar não leva a nada. Todos precisam analisar os problemas e trabalhar juntos para encontrar soluções. Se for preciso, explique à pessoa que reclama o que os colegas podem pensar dela e diga que, se ela realmente tiver um problema, a equipe vai ajudá-la a encontrar um modo de resolvê-lo.

O outro hábito da reclamação crônica é aquele no qual as pessoas reclamam de coisas que não podem ser mudadas. A melhor resposta nesse caso é: *"Vamos nos concentrar no que podemos fazer e onde podemos fazer a diferença"*. Ensine as pessoas a se fortalecer concentrando-se nas contribuições que podem dar, e não nas várias coisas que não podem mudar, mas gostariam que pudessem.

Culpar os outros pelos próprios erros

Alguns membros da equipe podem culpar os outros pelos próprios erros, de maneira óbvia ou sutil. Quando as pessoas fazem isso, colocam-se como vítimas e contribuem muito menos do que poderiam. Diga: *"Nós nos fortalecemos apenas quando assumimos a responsabilidade por nossas escolhas"*. Uma frase ainda mais forte pode ser: *"Se você assumir o que fez, pode aprender com as conseqüências"*. Em seguida, conte sobre um momento em que cometeu um erro, responsabilizou-se por ele e o que aprendeu.

Exemplo: Eu assinei o cheque

Cerca de doze anos atrás, emprestei dinheiro a um amigo para que ele conseguisse manter sua empresa em pé até lançar um novo produto. Ele tinha certeza de que conseguiria devolver o dinheiro assim que o produto fosse lançado. Para resumir a longa história, ele estava enganando a si mesmo. Perdi muito dinheiro – e estaria mentindo se dissesse que não fiquei bravo. Mas superei o problema. Afinal, quando analisei bem a situação, vi uma coisa: independentemente do que ele havia feito, fui eu quem assinou o cheque.

Agora, sempre que alguém comete um erro e eu começo a ficar bravo, analiso a situação, vejo como me envolvi e o que fiz. E digo a mim mesmo: "Eu assinei o cheque".

Não quero ficar bravo comigo mesmo. Faço parte do problema – alguma decisão minha me colocou na situação. Eu me lembro de minha parte e raramente volto a me irritar. Em vez disso, sigo em frente aprendendo coisas novas e ajustando minhas atitudes.

Integridade não reconhecida

Até agora, falamos sobre desonestidade e falta de integridade. Mas, para sermos justos, também temos que reconhecer o lado bom de nossa equipe. Infelizmente, com freqüência, os aspectos ruins chamam mais atenção. Ao mesmo tempo em que corremos atrás do prejuízo resolvendo situações difíceis, muitas pessoas do grupo se dedicam e realizam um bom trabalho, às vezes em meio a contratempos.

É essencial reconhecer o esforço dessas pessoas. Realize reuniões semanais e aproveite o momento para elogiar a rotina de trabalho, o cumprimento de prazos e a dedicação às tarefas. Quando as pessoas disserem: "Eu só estava cumprindo minha obrigação", responda: "*Valorizo pessoas que cumprem suas obrigações, porque, hoje em dia, isso é raro*".

13

RAIVA NO TRABALHO

Quando a raiva surge no trabalho, é assustadora – e pode ser contagiosa também. Como líderes, faz parte de nosso trabalho criar um ambiente no qual todos os membros da equipe estejam e se sintam seguros. Ao mesmo tempo, não queremos perder um bom funcionário por causa de um ataque de raiva, pois as pessoas podem mudar e merecem uma segunda chance. Aprender a julgar a raiva e trabalhar para fazer a mudança acontecer, enquanto mantemos o escritório tranqüilo, é uma tarefa importante e difícil.

Um ataque de fúria

Se um membro da equipe que não costuma perder o controle tiver um ataque de fúria apenas uma vez, é importante cuidar do incidente e de todos os envolvidos para manter a integridade da equipe. Descubra por que a pessoa reagiu com raiva e como se sente em relação ao incidente. É provável que ela peça desculpas ou sinta vergonha. Certifique-se de que o motivo seja resolvido e peça a ela que separe a questão de seus sentimentos e que se desculpe, dizendo algo como: "*A questão estava me incomodando, mas sinto muito, não deveria ter ficado nervoso como fiquei*".

Converse também com quem foi vítima do ataque de fúria e com as pessoas que testemunharam o incidente e verifique se todos estão bem em relação ao ocorrido.

Raiva crônica

Algumas pessoas – e eu já fui uma delas – carregam uma raiva constante consigo, expressa seja por uma irritação com tudo e com todos, seja pela tendência a levantar a voz com freqüência. Quando um membro da equipe tem esses hábitos, pode acabar tirando a equipe do eixo. Um estilo raivoso pode ter muitas fontes, incluindo:

- hábitos que a pessoa aprendeu na infância, com sua família e sua cultura;
- estresses da vida, incluindo situações injustas e coisas que gostaríamos de mudar mas não podemos;
- medo de não ser aceito;
- problemas de saúde, como dor crônica, que reduzem a capacidade de lidar com o estresse.

Para fazer parte de uma equipe, uma pessoa irritadiça deve tomar consciência de sua personalidade e controlar suas reações. Ela precisa estabelecer alguns limites – como nunca ameaçar agredir ninguém e nunca quebrar nada – e também encontrar maneiras de lidar com a raiva e controlar seu comportamento, como se afastar de situações difíceis e saber quando usar o *e-mail* em vez de começar uma conversa cara a cara que pode ficar complicada.

Se você vir um membro da equipe se irritando com freqüência, converse com ele sobre isso. "*Você anda mais estressado ultimamente?*" é uma boa maneira de começar. Em seguida, você pode citar um incidente específico, dizendo: "*Percebi que você...*" ou "*Um membro da equipe se assustou quando você...*". Mas não deixe a conversa ficar restrita a apenas um acontecimento. Aborde a questão principal: o que o membro da equipe pode fazer para tomar consciência de seu comportamento e lidar com ele a partir de agora.

Para evitar que a conversa seja embaraçosa ou tenha ares de psicologia, você pode falar sobre profissionalismo em vez de maturidade e sobre estresse em vez de raiva.

Sinais de perigo

Todos merecem um ambiente de trabalho seguro – e isso significa um ambiente que passe segurança, além de ser de fato livre de perigo. Um funcionário que adota qualquer um dos comportamentos descritos a seguir cria uma atmosfera ameaçadora para a equipe:

- atira ou bate objetos nas pessoas;
- leva uma arma para o trabalho ou usa qualquer coisa como arma;
- ameaça ferir alguém (se a vítima levar a ameaça a sério, faça o mesmo, ainda que o funcionário diga que estava apenas brincando);
- faz ameaças, ainda que em tom de brincadeira, repetidamente ou por escrito;
- faz brincadeiras ou "pegadinhas" que colocam as pessoas em risco;
- tem histórico de violência ou abuso;
- comete um crime violento.

Nesses casos, o departamento de recursos humanos deve ser alertado, e o funcionário deve, no mínimo, ser encaminhado a algum tipo de tratamento para controle da raiva e permanecer em observação.

Legalmente, essas situações podem se tornar bastante complexas, pois a empresa tem responsabilidades tanto em relação ao funcionário que demonstra esse comportamento quanto com os outros membros da equipe. Faça o seguinte:

- Leve a situação a sério e registre-a por escrito.
- Leia com atenção o capítulo 20.
- Peça a orientação de um especialista.

- Mantenha o assunto em sigilo, quando apropriado.
- Forme a equipe e incentive a boa comunicação.
- Preste atenção na pessoa que realiza as ações problemáticas e naquelas que se tornam vítimas dela.
- Depois de ouvir os conselhos de especialistas, tome uma atitude firme e clara e mantenha-se seguro em suas decisões.
- Esteja aberto à possibilidade de crescimento e mudança, mas exija provas claras de que o ambiente de trabalho se manterá saudável e seguro para todos.

Mesmo que você preste atenção em todos os sinais, pode haver o medo que surge com as novas histórias sobre o funcionário que parecia completamente inofensivo, até o dia em que chegou ao trabalho atirando para todos os lados. Sim, essas coisas acontecem – raramente. E não devemos permitir que elas nos assustem. A prevenção é o melhor remédio. E uma equipe que trabalha unida, comunica-se bem, cria espaço para amizades e constrói confiança é a melhor prevenção.

"Por que você está sempre irritado comigo?"

Às vezes, o funcionário demonstra uma atitude contínua de raiva ou defensiva em relação ao líder. Isso impede a comunicação e a orientação eficazes e cria uma situação que torna difícil para ele crescer e melhorar. Uma pessoa que se irrita ou fica na defensiva o tempo todo se fecha para o aprendizado.

Você pode perguntar: "Por que você está sempre irritado ou na defensiva comigo?", mas provavelmente é melhor dizer: "*Parece que tem alguma coisa nos atrapalhando aqui e você não está sabendo lidar com o que eu tenho a dizer*". A maior dificuldade em situações desse tipo é que, para chegar a uma boa solução, é preciso encontrar uma brecha na raiva, na defesa e na relutância em ouvir que partem da outra pessoa. Podemos pedir que ela nos ajude nisso, mas somente ela pode fazer acontecer.

Precisamos ser gentis, porém claros: "*Quero melhorar nosso relacionamento profissional e quero que você me ajude*" estabelece o tom correto. É preciso ser firme e persistente. Às vezes, se o membro da equipe se recusa a reconhecer o problema ou a lidar com ele, é preciso ser insistente também. Mas devemos ser amáveis, porque, por baixo da atitude de defesa e raiva, provavelmente existe algum sentimento ferido que pode ter surgido de uma interação anterior, um mal-entendido em relação a nosso tom ou nossa intenção ou a lembrança de alguma situação de trabalho ou experiência passada.

"Você parece irritado comigo"

Algumas pessoas passam a impressão de que estão bravas mesmo quando não é o caso. Talvez a pessoa apenas esteja frustrada, ou simplesmente com pressa, ou talvez esteja sendo mal interpretada. Mas os outros entendem a atitude dela como raiva ou crítica.

Nesse caso, precisamos dizer ao funcionário: "*Talvez você não esteja com raiva, mas a impressão que passa é de que está*". Se ele disser que não está irritado, responda: "*Você é responsável pela impressão que passa aos outros. Por favor, escolha outras palavras ou um tom diferente quando falar, para que as pessoas saibam como você realmente se sente. Assim elas serão mais receptivas a você*".

A maioria das pessoas quer ser compreendida e vai acatar a sugestão. Se um membro da equipe disser algo como: "*Não me importo com o que os outros pensam*", então algo mais profundo está acontecendo. Diga: "*Muitos de nós nos importamos. Queremos uma equipe harmoniosa. Você pode ajudar?*" Em seguida, escute o que ele tem a dizer – talvez ele expresse uma preocupação maior com a qual você possa trabalhar.

A equipe está prestes a explodir

Às vezes, a equipe toda fica tensa ou nervosa. Pode haver uma razão específica, como o cancelamento de um projeto, a redução do orçamento ou um prazo de entrega nada razoável. Ou o problema pode ser crônico, como falta de verba ou de valorização.

Dizer aos funcionários o que está errado não vai adiantar, mesmo que você saiba. Para extravasar os sentimentos, eles devem verbalizá-los. Reúna todos e pergunte: "*O que está incomodando vocês?*" Se precisar, diga: "*Não vou embora até que possamos falar sobre o assunto*". Se alguém disser: "Você sabe o que está nos incomodando", responda: "*Sim, mas quero que cada um de vocês fale como estão se sentindo. Esse é o primeiro passo*". Isso é importante porque, mesmo quando todos estamos nervosos pelo mesmo motivo, sentimos as coisas de modo diferente uns dos outros.

Depois que a equipe expressar os próprios sentimentos, você pode encontrar uma resposta adequada. Pode ser algo como: "*A empresa não nos valoriza e não nos oferece recursos bastantes para que executemos nosso trabalho. Mas nós valorizamos uns aos outros e ficaremos unidos*". Encontre uma maneira de acrescentar um pouco de diversão ou humor. Em seguida, expresse seu agradecimento a cada membro da equipe. Depois sente-se com eles e crie um novo plano de guerra. Por que uso a expressão "plano de guerra"? Porque a equipe está lutando. Certifique-se de que todos compreendam que a batalha é fazer um bom trabalho em uma situação difícil, e não lutar contra a empresa.

Agora eu é que estou irritado

O que fazer quando ficamos bravos? É natural ficar nervoso às vezes, mas isso nos coloca em uma posição complicada por três motivos:

- Pedimos à equipe que lide bem com a raiva, por isso devemos ser um modelo excepcional, para manter a integridade e fazer o que falamos.
- Ocupamos uma posição de autoridade. A raiva vinda de nossa parte é muito mais ameaçadora do que aquela vinda de um colega, e o medo que ela causa pode reduzir o desempenho a longo prazo.

- Somos parte da equipe, más diferentes. Nossa raiva pode afastar a equipe ou até virá-la contra nós.

O passo mais importante a tomar é separar a raiva do problema. Existem muitas técnicas que podem nos ajudar a fazer isso. Gosto de três:

- Acalmar-se e respirar.
- Caminhar um pouco.
- Escrever seus sentimentos e pensamentos sobre o problema em um diário ou agenda. Nota: É uma boa idéia apagar o que foi escrito quando o problema tiver sido solucionado.

Quando a raiva e o problema estiverem separados, você estará pronto para trabalhar com a equipe. Se expressou raiva ou até frustração, comece pedindo desculpas. Em seguida, explique que se dedicou a separar a raiva do problema. Depois, apresente a questão como uma lacuna que deve ser preenchida ou como uma maneira de ver a situação que precisa ser mudada. A partir daí, envolva a equipe em um modo positivo de resolver o problema.

E se nosso superior ficar irritado?

Algumas vezes, trabalhamos em uma empresa em que a raiva vem de cima e molda toda a organização. Numa situação assim, nós, como líderes, nos tornamos peças que absorvem o impacto. Da melhor maneira possível, absorvemos a raiva que vem de cima e tentamos proteger a equipe. Mas precisamos encontrar uma maneira de extravasar a pressão em excesso. E, quando a pressão atingir a equipe, vai afetar a todos. Então, precisamos encontrar uma maneira de fortalecê-la.

Valorização, bom humor e reconhecimento da situação são bons recursos. Assim como o ajuste de perspectiva: "*Trabalhamos para a em-*

presa, não para o chefe. Estamos aqui para fazer um bom trabalho, atender o cliente e ganhar nosso sustento". Idéias como essa mostram a situação de um novo ponto de vista, dando ao chefe menos poder aos olhos da equipe. *"O chefe é apenas um jogador, não o time todo."*

14
MEDO NO TRABALHO

O medo – seja ele realista ou não – poda o desempenho. Para gerenciar um funcionário com medo, é preciso entender a origem desse sentimento e ajudá-lo a enfrentar a situação real com confiança. Onde existe medo não há espaço para o progresso. Ele ocupa todos os espaços.

As pessoas lidam com esse sentimento de modos diferentes. Algumas aceitam o medo e a incerteza no trabalho e continuam lutando para alcançar seus objetivos. Outras ficam paralisadas. Os psicólogos nos classificam em tipos de personalidade de acordo com nossas reações ao medo e à raiva, mas não precisamos ser especialistas em psicologia para ser bons líderes. O que precisamos é compreender que as pessoas reagem de modos diferentes às críticas. Algo que você diz pode ser uma correção razoável para uma pessoa e induzir outra ao medo paralisante. Precisamos aprender a controlar a maneira como orientamos cada pessoa de nossa equipe.

Alguns indivíduos têm medo de falar sobre o medo. Por isso, o uso de palavras mais amenas pode ajudar, como "chateação", "ansiedade" ou "preocupação".

W. Edwards Deming, fundador do movimento de gerenciamento da qualidade, definiu a eliminação do medo como um dos princípios fundamentais de qualquer empresa que queira promover a excelência e melhorar o desempenho. Ele estava certo – esse sentimento é uma barreira que impede a produtividade e o sucesso. Nem sempre podemos eliminar o medo; quando não conseguirmos, devemos fazer o melhor para controlá-lo.

Medo de apontar problemas

Alguns membros da equipe desconhecem o medo que sentem, e percebemos isso antes deles. Eles se tornam menos receptivos, seja verbalmente ou na execução do trabalho. Geralmente, quando perguntamos qual é o problema, respondem: "Nada".

Nessa situação, é preciso enfrentar o problema sem confrontar a pessoa – e ela provavelmente não sabe qual é a diferença entre essas duas atitudes.

Apresento uma maneira de lidar com a situação. Pense em uma evidência específica – uma orientação não cumprida, um trabalho não realizado. Reúna-se com o membro da equipe e diga: "*Sei que algo deu errado há pouco tempo. Você costuma executar bem esse tipo de trabalho, mas dessa vez um problema ocorreu. [Cite o que foi.] Gostaria de saber se há alguma coisa causando esse problema, para podermos resolvê-lo juntos*".

Com outras pessoas, uma abordagem mais direta pode funcionar melhor: "*Sei que há alguma coisa incomodando você, e é difícil falar sobre isso. Mas, para a continuidade do trabalho, precisamos esclarecer tudo. Eu fiz alguma coisa errada?*" Essa última pergunta geralmente faz surgir empatia na pessoa que está se sentindo insegura, nervosa ou assustada.

Medo de errar

Erros fazem parte dos negócios porque fazem parte da vida. Mas alguns indivíduos cresceram ou trabalharam em ambientes nos quais os erros eram encarados como coisas desastrosas. O que fazer se um membro da equipe recusa uma tarefa ou evita uma situação, dizendo: "Tenho medo de cometer um erro"?

Acompanhe-o na execução do serviço: "*Vamos ver o que aconteceria se você cometesse um erro*". Conversem sobre o trabalho, passo a passo. Peça ao funcionário que aponte um erro que poderia cometer. Mostre o que aconteceria. Indique como ele lidaria com a questão, recebendo ajuda sua e da equipe. E, por fim, mostre o que ele poderia aprender com o erro.

Depois, conte uma história de sua vida na qual você tenha assumido uma tarefa, cometido um erro e aprendido com ele. Diga: "*Cometer erros, corrigi-los e aprender com eles faz parte do nosso trabalho. As pessoas erram. Precisamos estar dispostos a cometer erros, pois isso é o mesmo que estar disposto a trabalhar, aprender e crescer*".

Medo do chefe

Às vezes, descobrimos que um membro da equipe tem medo de nós – e ficamos surpresos. Analisamos o que fizemos, mas não nos lembramos de ter ficado bravos ou feito algo que pudesse magoá-lo. Duas coisas podem ter acontecido: ou não nos conhecemos tão bem quanto pensamos ou o membro da equipe está interpretando mal nossas ações ou exagerando na reação, possivelmente pelo poder que temos.

Com algumas pessoas, pode ajudar perguntar: "*Você tem medo de mim?*", demonstrando surpresa genuína. Mas talvez seja melhor começar com um pedido de desculpas: "*Não sei muito bem o que fiz para assustá-lo, mas com certeza não foi minha intenção. Por favor, me explique o que você pensou*". Quando escutar o que ele tem a dizer, você provavelmente poderá falar algo que se aproxime de uma destas duas opções:

- "*Sinto muito por ter passado essa impressão. Não foi o que eu quis dizer.*" Você pode explicar que estava chateado com alguma coisa e talvez devesse ter escolhido melhor suas palavras.
- "*Sinto muito, eu estava um pouco frustrado, não bravo, e certamente não era nada com você.*" Isso funciona se o membro da equipe reagiu de maneira exagerada.

Em qualquer caso, direcione a conversa para maneiras pelas quais vocês possam compreender um ao outro melhor no futuro. Conte ao funcionário o que você aprendeu trabalhando com ele e pergunte o que ele aprendeu escutando o que você diz. Pode terminar assim: "*Se eu o deixar nervoso novamente, é só me avisar, e vamos resolver isso*" ou "*Se você achar que estou bravo com você, é só perguntar*". Seu objetivo é criar um relacionamento profissional no qual a comunicação não seja bloqueada ou diminuída pelo medo.

Medo de ser demitido

Se um funcionário estiver em período de experiência ou em qualquer situação na qual perceba que pode ser demitido, o medo é quase inevitável. No entanto, mesmo que a decisão final – como a demissão – dependa de você, esforce-se ao máximo para ficar ao lado dele até o final. Existem dois motivos para isso. O custo de contratar, treinar e orientar novas pessoas é alto. Além disso, a credibilidade que você vai ganhar entre a equipe e entre seus chefes ao ajudar uma pessoa com desempenho ruim a se tornar um bom funcionário faz o esforço valer a pena.

Seguindo o princípio da honestidade, diga: "*Você pode perder seu emprego, mas eu quero ajudar*". Continue dizendo algo como: "*Quero deixar bem claro o que você precisa fazer e que resultados precisa alcançar. Depois, você terá que me dizer se tem tudo de que precisa ou se posso fazer mais alguma coisa*". Termine dizendo: "*Vamos deixar o passado para trás e fazer com que as coisas dêem certo*".

Medo vindo de fora

Mesmo que possamos criar um ambiente de trabalho saudável, com pouco ou nenhum medo, esse sentimento pode vir de fora. Veja algumas fontes comuns de medo fora da empresa:

- Alguém de fora – talvez o cônjuge de um membro da equipe – vai ao escritório e faz um escândalo.
- Os funcionários enfrentam uma situação assustadora em casa – filhos que freqüentam uma escola perigosa, um parente idoso ou doente no hospital – e chegam para trabalhar distraídos e com medo.
- As pessoas podem precisar atravessar locais perigosos – estradas com pistas estreitas, ônibus ou ruas em bairros violentos – para chegar ao trabalho.
- Condições sociais gerais, como guerra e instabilidade econômica, são fontes de medo.
- Notícias sobre catástrofes assustam. Todos sentimos isso quando soubemos dos ataques às Torres Gêmeas, em 11 de setembro de 2001.

As pessoas podem dominar o medo aprendendo a respirar, relaxar e se concentrar. O segredo é: *O medo atrapalha o trabalho, mas o trabalho também atrapalha o medo.* Quando conseguimos relaxar e nos concentrar no trabalho, os efeitos fisiológicos do medo – que podem nos distrair e até paralisar – diminuem. Se nos concentramos no trabalho e valorizamos cada pequena conquista, conseguimos encontrar a alegria, mesmo nos momentos de dificuldade.

Funcionários com depressão ou ansiedade

Para algumas pessoas, o medo é uma parte profunda da personalidade ou da vida. Isso pode se dever a problemas psicológicos – principalmente depressão e ansiedade – ou a situações abusivas ou perigosas em casa ou nos relacionamentos. Pode ser difícil aceitar que essas coisas fazem parte da vida das pessoas com quem trabalhamos, mas muitas vezes é o que acontece.

Todos nós passamos por altos e baixos, e pode ser complicado distinguir alterações normais de humor de uma situação ou condição realmente perigosa. Aqui estão algumas coisas que devemos observar:

- incapacidade crônica de concluir um dia ou uma semana inteira de trabalho;
- oscilações extremas no comparecimento ou na produtividade;
- silêncio maior que o usual sobre o que está acontecendo;
- desligamento do trabalho e falta de motivação.

Se você perceber um desses problemas e simples demonstrações de apoio não surtirem efeito, leia o capítulo 20.

Exemplo: Medo na pior situação

Algumas pessoas podem pensar que o que escrevi aqui não corresponde à realidade. A verdade é que algumas pessoas dominam o medo em situações muito piores que outras. Para ter um exemplo, leia o livro *Em busca de sentido*, de Viktor E. Frankl, que sobreviveu ao campo de concentração de Auschwitz durante a Segunda Guerra Mundial e ajudou centenas de outras pessoas a sobreviver também. Posteriormente, ele criou a logoterapia, uma abordagem ao crescimento e à cura baseada em definir o sentido da vida.

15

PROBLEMAS DE SAÚDE

Um funcionário doente é motivo de compaixão. Mas isso gera ainda preocupações a respeito da produtividade e de outros assuntos profissionais. O mau uso da licença médica também pode ser um problema. Como líderes, temos que conhecer as regras da empresa e os requisitos legais relacionados a incapacidade física, gravidez e licenças não remuneradas.

O funcionário está mesmo doente?

Às vezes, algo nos faz questionar se as histórias sobre doenças contadas por um funcionário são verdadeiras. Pode ser um padrão de comportamento, como chegar atrasado com a justificativa de estar doente depois de ter ido a uma festa na noite anterior, ou dizer estar doente, mas não ter nenhum sintoma aparente. Nesses casos, é melhor não invadir a vida pessoal do membro da equipe perguntando: "Você está mesmo doente?"

Em vez disso, discuta com ele estes pontos:

- Quantos dias o funcionário se ausentou ou chegou atrasado por estar doente.
- A maneira correta de avisar quando for usar a licença médica ou quando precisar ir a uma consulta.

- Os efeitos das faltas na produtividade e nos objetivos do projeto.

Pergunte ao funcionário se ele quer falar sobre mais alguma coisa, mas não fique tentando investigá-lo. Alerte-o de que, se ele começar a faltar demais, será necessário pedir ao médico que escreva uma carta explicando quando ele precisa se ausentar do trabalho e quando poderá retornar. Diga que a carta não precisa incluir o diagnóstico – o nome da doença.

Se o funcionário quiser explicar a doença ou discutir outras opções, como trabalhar em casa, você pode levar a conversa adiante. Mas não se esqueça de pedir acompanhamento do departamento de recursos humanos.

A febre da sexta-feira

Algumas vezes, a rotina de ausências por motivo de doença de um funcionário indica que ele não tem doença alguma. Uma falta na sexta ou na segunda-feira pode ser uma maneira de ter um fim de semana prolongado. Qualquer outro indício, como consultas médicas que não são marcadas com antecedência, pode revelar que alguma outra coisa está acontecendo.

Quando um funcionário faz isso, afeta o trabalho de duas maneiras. Em primeiro lugar, as ausências repentinas sobrecarregam os outros membros da equipe – alguém vai ter que se desdobrar para realizar o trabalho que não foi feito. Em segundo lugar, quando um funcionário começa a dar desculpas não muito claras e verdadeiras, reduz nossa capacidade de trabalhar juntos como equipe.

Mesmo que ele de fato esteja mentindo para conseguir fins de semana prolongados, não podemos simplesmente assumir isso. Talvez o indivíduo tenha um motivo razoável para pedir a licença e não contar a verdade. Comece dizendo: *"Percebi um certo padrão em seus pedidos de licença e gostaria de discutir esse assunto"*. Seja gentil, mesmo que pareça que a conversa vai se tornar conflituosa, pois você quer dar à pessoa a chance de consertar as coisas.

Veja dois exemplos do que pode estar ocorrendo e de como lidar com as situações:

- A pessoa tem uma doença que requer tratamento freqüente e regular, mas não quer que você saiba a respeito das consultas com antecedência, pois nesse caso você saberia que se trata de uma doença crônica ou mais séria, e não de pequenos problemas de saúde que surgem de vez em quando. Você pode dizer: *"Quero trabalhar com você, mas a equipe também precisa de ajuda. Não podemos ficar sem você com tanta freqüência sem aviso prévio – quando você poderia nos informar. Avise-me sobre suas consultas com antecedência e vou permitir que você saia. Podemos não dizer nada ou dizer que você está fazendo alguns exames. Mas ninguém aqui – nem mesmo eu – precisa saber qual é seu diagnóstico".*
- A pessoa está muito estressada com o trabalho, talvez por ansiedade, assédio moral ou qualquer outra causa. A maneira que encontrou para lidar com isso é faltar às segundas-feiras, ou sair mais cedo às sextas, ou adoecer para faltar à reunião semanal. Se isso surgir na conversa, você pode dizer: *"Precisamos resolver esse problema, não apenas remediá-lo temporariamente. Vamos nos livrar da fonte de estresse e ajudá-lo a se sentir melhor trabalhando aqui".*

O que fazer se o funcionário simplesmente admitir que está faltando às sextas-feiras para viajar? Sorria e diga: *"Agora que você foi desmascarado, vamos repassar as regras básicas".* Diga que tirar dias de folga sem motivo, apenas para atividades de lazer, não é justo com o resto da equipe. É preciso pedir licença e obter aprovação. Em seguida, conversem sobre um horário de trabalho justo e flexível – se possível – para dar espaço ao lazer. A solução deve estar de acordo com a política da empresa e ser justa para todos da equipe. Talvez uma boa alternativa flexível possa ser encontrada para todos os funcionários, reduzindo o estresse e aumentando a lealdade e a produtividade.

Trabalhar doente

Quando alguém aparece doente para trabalhar ou adoece ao longo do dia, o melhor a fazer é pedir que a pessoa vá para casa. E isso também se aplica a nós, líderes – vamos dar um exemplo muito melhor à nossa equipe se levarmos uma vida equilibrada, em vez de nos mostrar como os heróis viciados em trabalho. No entanto, é preciso levar algumas coisas em consideração:

- É seguro para a pessoa ir sozinha para casa? Se ela estiver com tontura, tendo desmaios ou muito fraca, dirigir ou até usar o transporte público pode ser perigoso.
- A pessoa estará segura em casa? Haverá alguém lá para lhe fazer companhia? Se não houver ninguém em casa, talvez não seja seguro ela ficar lá sozinha.
- A doença pode ser contagiosa?

Devemos cuidar do membro da equipe que está enfermo, mas, infelizmente, é preciso ter cuidado com o limite entre vida profissional e vida pessoal. Houve um incidente no qual o chefe decidiu que não era seguro o funcionário pegar o ônibus para ir para casa, por isso pediu à empresa que pagasse um táxi para levá-lo. Aconteceu um acidente no percurso e – por mais estranho que pareça –, como a empresa tinha arcado com a corrida, foi responsabilizada. Você pode conversar com o departamento de recursos humanos para saber quais são suas opções para ajudar funcionários que adoecem no trabalho.

Doença freqüente, porém imprevisível

O que fazer quando um funcionário se ausenta por motivo de doença com freqüência, mas sem avisar previamente? Esse pode ser um sinal de várias coisas:

- A pessoa está em uma maré de azar em relação à saúde.
- Ela tem um problema de saúde mais sério do que imagina, ou recebeu um diagnóstico errado. Por exemplo, o que parece ser apenas um resfriado ou uma gripe pode ter se transformado em pneumonia, ou ser uma alergia séria.
- Ela está tendo problemas com álcool ou drogas.

Comece dizendo: "*Percebi que você tem se ausentado muito por doença ultimamente e estou preocupado*". Deixe claro que você não precisa saber o diagnóstico – só quer ter certeza de que a pessoa foi diagnosticada corretamente e está sendo bem medicada. Se você acredita que o funcionário está sendo honesto e cuidando da saúde, ótimo. Se acha que a pessoa está sendo honesta, mas, como muitos de nós, tende a minimizar a doença ou a evitar médicos, diga: "*Você é importante nesta equipe; sentimos falta de sua contribuição quando você fica doente. Você faria um checkup pelo bem da equipe?*" Pessoas que não vão ao médico – ou não usam cinto de segurança, ou não fazem nada para cuidar de sua saúde e segurança – geralmente o fazem quando alguém lhes mostra que isso será útil para outros indivíduos.

O que fazer se você achar que o funcionário não está sendo completamente honesto e cooperativo, possivelmente por estar envolvido em algum vício? Em primeiro lugar, se sua empresa oferece um programa de apoio aos funcionários, incentive-o a participar. Se não quiser falar em vício, diga: "*Sei como é ruim ficar doente com tanta freqüência. Você pode usar o programa de apoio para lidar com o estresse ou resolver qualquer outro problema que esteja tendo*". Pode dizer também:

"*Por causa de todas essas faltas, preciso de uma carta escrita e assinada pelo seu médico. Ele não precisa dizer o diagnóstico, apenas explicar que você está sob cuidados e me avisar sobre qualquer cronograma de tratamento e limitações que possam diminuir sua capacidade de trabalhar*". Se o funcionário disser que está se consultando com um médico, mas não apresentar a carta, isso pode ser um sinal de que está escondendo algo.

Se você quiser abordar o vício sem perguntar diretamente ao membro da equipe, repasse a política da empresa com todos os funcionários. Não se refira a ninguém em particular, a menos que tenha certeza. Veja o capítulo 20 para obter mais informações.

"Acho que tem algo errado com ele"

O que fazer quando um funcionário nos procura para falar que acha que um colega está doente, usando drogas ou com problemas psicológicos?

A chave é a confidencialidade. Faça uma lista de fatos ou sintomas observados pela pessoa que levantou a questão. Depois diga a ela que, para preservar a privacidade dela e do colega que pode estar enfrentando o problema, você precisa lidar com o assunto de modo confidencial e ela não deve dizer nada a ninguém.

Nesse momento, consulte o departamento de recursos humanos. Com orientação, pode ser apropriado se reunir com o funcionário. Comece dizendo: "*Fui informado de algumas coisas. Esta reunião é totalmente confidencial e você não precisa me explicar nenhuma questão pessoal*". Em seguida, expresse preocupações práticas a respeito do trabalho e dos problemas observados. Fale sobre o programa de apoio ao funcionário oferecido pela empresa, se houver, ou quaisquer outros recursos existentes. Pergunte se ele está cuidando bem de si e buscando ajuda profissional adequada. Se for o caso, você pode pedir uma carta do médico, conforme explicado na situação anterior.

Doença na família

Os membros de nossa equipe podem ter que enfrentar problemas de saúde urgentes na família, como um filho doente na escola ou um dos pais acometido por algum mal repentino.

Se tais eventos ocorrerem de vez em quando, a família deve ter mais importância que o trabalho nesses momentos. Você e os outros membros da equipe devem fazer o que for preciso para ajudar a resolver a situação de modo que todos fiquem bem.

No entanto, se um funcionário tem um filho, pai ou cônjuge com uma doença crônica, você pode fazer um acordo que atenda as necessidades da equipe, da empresa e também do funcionário e sua família. Faça uma lista de suas preocupações profissionais – como objetivos importantes para o trabalho rotineiro e para os projetos especiais e a necessidade de o membro da equipe manter o grupo informado – e também do que você pode oferecer em termos de horários flexíveis, licenças, programa de assistência ao funcionário para ajudá-lo a lidar com o estresse ou outros recursos.

O funcionário pode querer evitar a questão, dizendo que tudo se resolverá em breve. Nesse caso, diga: *"Espero que sim. Mas, quando se trata de doenças, não temos certeza de nada. Vamos fazer um planejamento a longo prazo para lidarmos com a situação se for preciso".*

Observe que é melhor para você e para a empresa tratar a família de todos da mesma forma – seja uma família tradicional, seja formada por um casal do mesmo sexo. Quando os funcionários percebem que a equipe, o líder e a empresa se preocupam com o equilíbrio entre vida pessoal e profissional, passam a se preocupar mais com o trabalho e se tornam mais leais.

Doença e viagens a trabalho

Se o membro da equipe precisa viajar a trabalho, uma doença pode tornar as coisas complicadas. Adoecer no meio da viagem é uma experiência terrível – já passei por isso –, e levamos mais tempo para nos recuperar quando estamos distantes de casa. Se a viagem for para outro país ou para áreas remotas, devemos nos preocupar também com a qualidade do atendimento médico disponível.

A prevenção é o primeiro passo. Incentive os membros da equipe que costumam viajar a fazer exercícios físicos e adotar uma dieta saudável. *As viagens exigem muito de nós e nos desgastam.*

Se um funcionário adoecer antes de uma viagem, cancele o compromisso ou envie outra pessoa no lugar dele. Não faz sentido forçar alguém a viajar e a trabalhar quando está doente – os riscos são grandes demais.

Se uma pessoa adoece no meio da viagem, o cuidado dispensado a ela é o mais importante. Certifique-se de que ela seja atendida por um médico ou em uma clínica. Deixe o médico dizer se o funcionário pode trabalhar e se é melhor que se recupere em um hotel, no hospital ou que volte para casa. Por exemplo, no caso de pessoas com infecção de ouvido ou sinusite, é melhor que a recuperação ocorra antes de uma viagem de avião, por causa da mudança na pressão atmosférica.

Se um membro da equipe desenvolver um problema crônico que o impeça de viajar, mas isso fizer parte das atribuições dele, reúna-se com ele para explicar as opções. O trabalho pode ser ajustado para incluir menos viagens ou um tipo de viagem menos estressante? Há alguma vaga na empresa que não exija viagens? Em resumo, priorize a pessoa e deixe o trabalho em segundo plano.

Gravidez e doença

Gravidez não é doença. É uma situação que exige cuidados e, em alguns casos, complicações ou doenças podem surgir durante a gestação. Além disso, nesse período a mulher deve evitar o consumo de álcool e o contato com substâncias tóxicas. Nos últimos meses, há restrições a atividades físicas e a carregar peso. Se você souber que uma funcionária está grávida, peça orientação ao departamento de recursos humanos. Se em sua empresa não existir esse departamento, peça uma carta do obstetra da funcionária ou agende uma reunião com ele para saber se deve haver mudanças na rotina de trabalho.

Pedidos de licença não remunerada ou por invalidez

Quando a necessidade de ausência do funcionário excede o número de faltas que ele pode ter, a empresa precisa tomar uma decisão – restringida pela lei em alguns casos.

É fundamental manter-se informado sobre as licenças do funcionário. Se ele estiver se aproximando do limite de dias permitido, procure se familiarizar com as políticas de licença não remunerada ou passe o assunto para o RH. Se você trabalha em uma empresa pequena, que não tem departamento de recursos humanos, procure um especialista que possa lhe ajudar a desenvolver uma política legalmente aceitável.

Esteja ciente de que algo que faz sentido para você e para a empresa talvez não seja uma prática legalmente aceitável ou segura. Pode parecer sensato estender a licença de um funcionário eficiente, afinal ele é valioso para a equipe. No entanto, sempre que tratamos os funcionários de modos distintos, deixamos a empresa vulnerável a ações por discriminação. Assim, crie uma política e a aplique de modo justo.

16

FRACASSO DO FUNCIONÁRIO OU DA EMPRESA

Às vezes, um projeto fracassa, o trabalho de um funcionário é tão ruim que precisamos dispensá-lo ou a empresa precisa fazer cortes de pessoal. A abordagem do líder em situações difíceis como essas pode significar a diferença entre a união ou a desestruturação da empresa.

Funcionário na corda bamba

No início, sempre procuramos ser otimistas e acreditamos que, com orientação, o membro de nossa equipe pode resolver seus problemas de desempenho e permanecer conosco. Um bom motivo para isso: diversos estudos mostram que o desempenho dos funcionários raramente supera as expectativas do chefe. Por isso, devemos sempre esperar o melhor.

Porém, nosso otimismo não deve atrapalhar a visão realista das coisas. Se isso acontecer, não vamos ajudar a empresa, a equipe e o funcionário com problemas. Lealdade e esperança excessivas e irreais só servem para aumentar custos, ampliar danos, desviar a equipe do caminho certo e, no fim, deixar todos em uma situação pior.

Por esse motivo, a solução desse problema precisa de um objetivo claro – uma mudança de hábito possível – e de um prazo. E é bom deixar as conseqüências bem claras.

Na resolução de situações difíceis, talvez precisemos ir um pouco além. Se o membro da equipe não seguir o primeiro plano estabelecido e não alcançar o primeiro objetivo, não o expulsamos da empresa. Quantas chances mais ele terá? Depende. É preciso considerar a seriedade do problema, seu custo, as regras do departamento de recursos humanos e sindicais a respeito de advertências e demissão, o tamanho do progresso e – acima de tudo – a disposição honesta do funcionário em resolver o problema.

Algumas empresas têm regras claras a respeito dos motivos para demissão imediata. Geralmente, ela ocorre quando há violações sérias das normas de segurança ou da ética. Se a empresa garantir que todos os funcionários conheçam as regras, então será correto demitir alguém logo na primeira violação. Tenha certeza de que conhece as políticas empresariais e as conseqüências de sua violação. Por exemplo, as empreiteiras costumam ter uma política de tolerância zero ao consumo de drogas (a menos que o funcionário peça ajuda antes), e as editoras costumam não perdoar práticas de plágio.

Nossa principal preocupação são as áreas obscuras nas quais temos que avaliar o desempenho e o progresso do funcionário e decidir se ele está resolvendo o problema cedo o bastante para fazer com que as coisas funcionem. Ao fazermos essa avaliação, é preciso esclarecer as seguintes questões:

- *Quantas chances o membro da equipe já teve?* Devemos evitar prazos muito longos e vagos ou mudanças no objetivo. A cada vez que o funcionário progride ou falha, o próximo passo deve ser explicado com clareza.
- *Qual é o tamanho do problema?* Qual era o tamanho dele no início? Que progresso já foi feito?
- *O membro da equipe tem recebido orientação, apoio e recursos suficientes?* Em cada reunião, certifique-se de que ele entenda o que e como deve fazer e que tenha tudo de que precisa.

- *Qual é o tamanho da mudança?* Isso é uma faca de dois gumes. Se a mudança for pequena, por que o membro da equipe ainda não conseguiu alcançá-la? Podem existir problemas maiores. Se a mudança for grande, talvez ele não consiga realizá-la.
- *O membro da equipe está realmente disposto a se esforçar para realizar a mudança?* Se ele não for claro a respeito do problema, não for honesto e sincero em seus esforços, as chances de sucesso serão pequenas.
- *Quais são os custos?* Precisamos analisar os dois lados. Quais são os custos de dar outra chance ao funcionário e ele falhar? Quais são os custos de demiti-lo? E precisamos analisar outros tipos de custos — aqueles difíceis de calcular, como o ânimo da equipe —, além do prejuízo em dinheiro.

É difícil tomar a decisão de demitir alguém. Não queremos prejudicar a vida e a auto-estima de ninguém. Talvez não queiramos admitir que fizemos uma contratação equivocada ou ter o trabalho de contratar outra pessoa. É por isso que o último ponto — a avaliação dos custos — é tão importante. Precisamos lembrar de nossa responsabilidade para com a empresa e colocar na balança nosso apoio ao membro da equipe que está tendo problemas e o custo de uma demissão e uma nova contratação.

Quando tivermos esses pontos esclarecidos, estaremos prontos para dar uma última oportunidade para o funcionário resolver a questão. Como antes, estabelecemos novamente um objetivo claro e uma data para seu cumprimento. Coordenamos esforços com o RH, para saber se estamos agindo corretamente em relação a advertências e demissão. Em seguida, dizemos: "*Ainda espero que você consiga fazer isso, e vou ajudá-lo em tudo que puder. Mas você precisa saber que esta é sua última chance de fazer as coisas darem certo. Se os resultados forem apresentados dentro do prazo, você vai poder continuar trabalhando conosco. Caso contrário, vou ter que dispensá-lo*". Depois, estabeleça datas para a avaliação do progresso e para oferecer ajuda.

"Vou ter que abrir mão de você"

Se todos os passos descritos na situação anterior forem seguidos e ainda assim o funcionário não melhorar o desempenho, é hora de tomar a difícil decisão de dispensá-lo. Já fui demitido e já demiti pessoas. Não é fácil. Mas descobri algo importante ao longo de meus anos de trabalho: se fizemos o melhor que podíamos e seguimos os passos com clareza, a demissão é a melhor escolha. Claramente é o melhor para a empresa e – na minha opinião – o melhor para o funcionário. As situações profissionais que não dão certo geralmente demonstram incompatibilidade – o funcionário não é compatível com o trabalho ou com a equipe. Quando o membro da equipe sai da empresa – mesmo que seja por meio de demissão –, tem a chance de encontrar algo que seja mais compatível com ele. Já fiz isso, e também já ajudei funcionários demitidos a fazê-lo. Por piores que as coisas se tornem, desejo o bem às pessoas. Independentemente de qual seja o próximo passo – um novo emprego, a aposentadoria ou um programa de tratamento para viciados em drogas –, espero que o funcionário vá bem, aprenda e tenha sucesso.

Prepare-se emocionalmente e obtenha todas as informações necessárias. Qual será o último dia de trabalho do funcionário? Haverá um pacote de benefícios? Trata-se de uma demissão sem justa causa, em que a pessoa será indenizada e poderá solicitar o seguro-desemprego? Ou há justa causa, e nesse caso ele não terá direito à indenização e ao seguro? O que o funcionário pode fazer para manter o plano de assistência médica?

Talvez dependa de você decidir se o membro da equipe deve sair imediatamente ou ficar para resolver as últimas pendências. Aqui estão algumas coisas que você deve levar em consideração:

- O aviso prévio de trinta dias é uma boa idéia. Em minha experiência, tenho notado que esse período é suficiente para que o funcionário termine o trabalho e se despeça. Mas veja a seguir razões para dispensá-lo do aviso prévio.

- Se os problemas com o funcionário estiverem relacionados a desonestidade, atividade criminosa ou uso de drogas, a dispensa imediata provavelmente é a melhor escolha. Se preciso, organize um período no qual o funcionário ensine outra pessoa a fazer o trabalho ou passe adiante tarefas inacabadas, sempre com o acompanhamento de um responsável.
- Se o funcionário tiver acesso a informações confidenciais, for responsável pela segurança ou tiver controle do sistema de informática, a dispensa deve ser imediata. Isso se faz necessário por dois motivos: primeiro, reduz a possibilidade de sabotagem; segundo, se alguma coisa der errado posteriormente e o funcionário demitido tiver tido meios de causar o erro antes de partir, haverá muita suspeita sobre ele, o que será injusto se ele for inocente.

Quando o plano estiver traçado e os fatos estiverem esclarecidos, pare e respire. Reúna-se com o funcionário e repasse o último acordo que vocês fizeram a respeito do que ele precisava alcançar. Diga: "*Sinto muito, mas não conseguimos resolver esse problema. Vou ter que dispensar você*". Certifique-se de que o funcionário tenha compreendido e aceitado o fato. Depois, escute o que ele tem a dizer. Geralmente, a pessoa aceita a situação e quer saber o que fazer em seguida. Simplesmente ouça – você já aprendeu que não é o orientador certo para ela. Repasse os passos e procedimentos da demissão, certificando-se de que tudo esteja claro. No final, entregue ao funcionário a carta de demissão e peça que assine as cópias devidas.

Exemplo: Obrigado por me demitir

Certa vez, passei oito meses em um emprego que não era adequado para mim. Eu era recém-formado e trabalhava como assistente em uma empresa de contabilidade. O estresse de manter controle de mais de mil declarações de imposto de renda em três meses não me fez bem. Fiz um bom trabalho e sobrevivi à época das declarações. Mas havia decidido pedir demissão e estava à procura de um novo emprego.

Os quatro sócios da empresa fizeram uma reunião e chamaram todos os funcionários, um por um. Todo mundo saía da sala com expressão de tristeza e em silêncio. O que quer que estivesse acontecendo ali dentro – e realmente não sabíamos o que era –, não podia ser coisa boa.

Chegou minha vez. Os sócios me explicaram que dois deles haviam decidido que o percurso diário até Manhattan era complicado demais e que a empresa seria dividida. Haveria um escritório pequeno em Nova York e um novo em New Jersey. E a maioria dos funcionários seria demitida, inclusive eu.

Eu disse: "Este deve ser um dia muito difícil para vocês. Mas, para mim, é o melhor que poderia ter acontecido. Eu já havia decidido que aqui não é o meu lugar e não sabia como dar essa notícia a vocês. Agora, como vocês tomaram essa decisão, vou ficar até o fim, ajudar no que puder e ainda posso solicitar o seguro-desemprego, a menos que encontre um novo trabalho antes".

Levantei, apertei a mão de todos, agradeci pela demissão e deixei o dia deles um pouco mais leve.

A lição: Independentemente do que acontecer no trabalho, a vida continua. Quando precisamos abrir mão de um emprego ou de um funcionário, a decisão costuma ser boa para todos.

Quando projetos fracassam

Quando uma equipe ou um funcionário está concentrado em um projeto importante, parece que só consegue pensar nisso. Nós nos incentivamos dizendo: "Essa campanha de *marketing* vai nos dar o dinheiro de que precisamos para manter nosso negócio" ou "Esse novo programa de computador vai nos ajudar a resolver nossos problemas de controle de estoque". Até que realizamos a campanha de *marketing*, mas ninguém compra o produto, ou o novo programa não funciona.

Ajustar a perspectiva é o segredo: "*O projeto terminou e ainda estamos aqui, funcionando*". Reserve um tempo para escutar o que as pessoas têm a dizer. Permita que desabafem, mas tenha em mente que provavelmente ainda é cedo demais para fazer uma revisão do projeto. Isso pode ser feito depois. Escute as pessoas enquanto elas se desapegam do projeto. Pergunte: "*Onde estamos hoje? O que importa agora?*"

Faça uma sessão de *brainstorming* sobre a situação e as necessidades do departamento. Escute e também ofereça opiniões. Às vezes, é preciso se concentrar em colocar em dia o trabalho rotineiro que foi deixado de lado. Em outros momentos, um novo projeto ou área de concentração se faz mais urgente. Antes de tentarmos resolver a bagunça deixada pelo projeto fracassado, devemos ter certeza de que estamos cuidando de tudo mais.

Pense nisso da seguinte maneira: *Em primeiro lugar, concentre-se na equipe e a reerga. Depois, comece um novo trabalho.*

"Estamos esperando notícias"

Às vezes, a equipe toda fica esperando por notícias com ansiedade. Nós, líderes, podemos estar esperando para receber informações de nossos superiores. O projeto todo foi cancelado? A equipe toda será demitida? Ou podemos estar esperando notícias dos clientes. Nossa nova campanha de *marketing* está dando certo? Vamos fechar aquele grande contrato? Essa é uma situação importante, mas não há nada que possamos fazer em relação a ela.

Como manter a equipe unida em momentos como esse? Temos duas opções:

- "*Vamos nos concentrar em outra coisa.*" Talvez seja um bom momento para retomar trabalhos interrompidos, resolver problemas que pensávamos que nunca seriam abordados, analisar outras responsabilidades ou alternativas. Essa opção é melhor quando a informação que estamos esperando não se refere ao fim da equipe. Por exemplo, se estamos esperando para saber se vamos conseguir fechar um excelente negócio, podemos dizer: "Vamos supor que esse contrato não seja fechado. O que podemos fazer para nos preparar para isso? Estamos em dia com o trabalho para os outros clientes? Quais são nossas outras tarefas, mesmo que sejam pequenas?" Realizar outros trabalhos faz com que as pessoas se mantenham ocupadas e concentradas e é útil de qualquer modo, independentemente de fecharmos o contrato ou não.

- *"Vamos relaxar."* Se o destino da equipe toda – ou de grande parte dela – estiver em jogo, o melhor é relaxar. Existem muitas maneiras de fazer isso. Talvez seja normal para você ver os funcionários sentados sem fazer nada, ou talvez você possa dispensá-los mais cedo. Ou pode pedir *pizza* para todos. *Por enquanto, a equipe não tem um objetivo. Então, cuide da equipe.*

Planos de demissão voluntária

Empresas grandes e agências do governo costumam oferecer planos de demissão voluntária. Existem pelo menos dois motivos para isso:

- Se a empresa precisa reduzir o quadro de funcionários, incentivar demissões voluntárias é menos oneroso e prejudicial do que decidir quem deve ser demitido.
- Funcionários mais experientes e com mais tempo de casa custam mais. Pode ser menos oneroso pagar para que deixem a empresa e depois preencher essas vagas com pessoas mais jovens e menos experientes, que aceitarão salários iniciais mais baixos.

Deixe claro os objetivos da empresa para o plano e como você se sente em relação a ele. Depois, gerencie a implementação do modo que seja mais adequado ao seu departamento. Você deve informar a todos sobre a situação e ajudar cada funcionário a compreender como o plano se aplica a ele. Isso pode ser muito complicado, por isso certifique-se de que todos os funcionários estudem a melhor opção com o departamento de recursos humanos. Incentive os membros da equipe a conversar sobre o plano com a família antes de decidir o que é melhor.

Depois disso, você pode escolher quem vai incentivar para ficar e para sair. Mas faça isso com delicadeza. Se alguém decidir ficar, não seria bom que pensasse: *Meu chefe queria que eu saísse, mas eu fiquei.* Essa atitude é o caminho certeiro para um relacionamento difícil e improdutivo.

Peça à equipe toda que trabalhe unida para atualizar as descrições de seu trabalho, preencher relatórios de procedimentos e aprender outras tarefas. Você pode estabelecer um sistema no qual todos os funcionários aprendam o trabalho de outro membro da equipe. Essa é uma boa abordagem administrativa, pois ajuda no caso de férias de um funcionário ou em qualquer outra situação na qual alguém esteja ausente. Se você estiver aplicando essa estratégia como preparação para o plano de demissão voluntária, garanta que as pessoas que estiverem aprendendo outra função sejam aquelas que disseram que vão permanecer na empresa, ou pelo menos têm mais probabilidade de ficar.

"A empresa está demitindo você"

É difícil ver um dos membros de nossa equipe ser demitido. Algumas vezes, precisamos escolher quem será dispensado. Outras, as regras ou os planos da empresa – como tempo de casa, cancelamento de um projeto, linha de produtos ou serviço – ditam as decisões. De qualquer modo, nunca é fácil.

Em primeiro lugar, obtenha todas as informações que puder para o funcionário. Planeje a data de saída, o pacote de compensações e todos os outros detalhes. Descubra com quem o funcionário deve conversar no departamento de recursos humanos e se a empresa oferece benefícios. Verifique se há outras vagas disponíveis na companhia e qual é a política a respeito da recolocação de funcionários demitidos.

Se você trabalha para uma empresa bem administrada e mantém sua equipe informada, talvez a demissão não seja uma total surpresa. Ainda assim, mesmo quando esperadas, demissões costumam chocar.

Seja simples e direto: *"Sinto muito, mas a empresa está demitindo você"*. Depois escute. Ajude o funcionário a compreender os passos daqui em diante. Termine perguntando: *"Há alguma coisa que eu posso fazer para ajudá-lo?"* Converse com a pessoa no último dia de trabalho para ter certeza de que ela está fazendo algo para se adaptar à situação.

"A empresa está nos demitindo"

No último emprego que tive antes de abrir minha empresa, fui gerente de informática em uma faculdade. Depois de trabalhar ali por seis meses, lembro de ter pensado, no caminho para mais um dia de trabalho: *Estou aqui há seis meses, o diretor (meu chefe) me adora, todos os professores gostam de mim, o laboratório de informática está funcionando bem e os alunos o acham ótimo. O que poderia dar errado?*

Naquele dia, a universidade anunciou que estava fechando as portas da faculdade e que todos seriam demitidos.

O que dizer quando somos demitidos com parte da equipe ou com todo o grupo? Em primeiro lugar, devemos nos preparar da mesma maneira que faríamos se apenas uma pessoa fosse demitida, como descrito na situação anterior. Depois, reunimos a equipe para dar a notícia: *"A empresa decidiu demitir todos nós [ou alguns de nós]"*. Se nem todos forem demitidos, verifique se cada pessoa entendeu a própria situação. Depois, continue dizendo: *"Apesar de não sermos mais uma equipe, espero que vocês continuem trabalhando bem. Vocês são profissionais e se tornaram melhores trabalhando aqui. Incentivo vocês a continuar crescendo na carreira e a tomar uma decisão clara e positiva a respeito do que fazer daqui para frente. Quando conseguirem um novo emprego, formem uma boa equipe. Continuem seguindo em direção a seus objetivos".* Depois, diga o que vai fazer – cite um ou dois passos positivos. E, no tempo que lhe restar, faça o que puder para ajudar cada membro da equipe a encontrar um bom caminho.

17
EMERGÊNCIAS

Ferimentos no trabalho, notícias de desastres de grandes proporções, como o ataque às torres gêmeas, nos Estados Unidos, e outras situações perigosas exigem de nós: cuidar para que todos estejam seguros, procurar ajuda para aqueles que precisam, oferecer informações adequadas para manter a privacidade dos envolvidos e evitar que rumores se espalhem e ajudar a equipe a se concentrar de modo apropriado. E temos que fazer tudo isso ao mesmo tempo.

Exemplo: Preparação para emergências

Ter um plano de evacuação para casos de emergência não basta. No seriado *Plantão médico*, há um episódio em que eles precisam evacuar o pronto-socorro – mas ninguém consegue encontrar o plano de evacuação. O planejamento para emergências requer que se pense o que fazer em caso de imprevistos – por exemplo, se a saída estiver bloqueada ou não houver energia elétrica –, simulações e atribuição de responsabilidades.

Problema grave de saúde no trabalho

Sua equipe está preparada para emergências médicas? Alguém sabe aplicar os procedimentos de reanimação cardiorrespiratória e os primeiros socorros em caso de choque, sangramento ou ferimentos? Em caso afirmativo, você sabe quem é essa pessoa? Com que freqüência ela fica no escritório? Você sabe onde fica o *kit* de primeiros socorros?

Quando uma emergência ocorre, a primeira e mais importante medida é oferecer cuidados à pessoa ferida ou enferma. Faça imediatamente quatro coisas:

- Peça que alguém fique com a pessoa.
- Chame alguém da empresa que saiba aplicar os primeiros socorros.
- Chame o Serviço de Atendimento Móvel de Urgência (Samu), pelo telefone 192, e siga as instruções que forem passadas. Se não houver Samu em sua cidade, chame uma ambulância.
- Peça a outra pessoa que tire os funcionários do caminho, controlando a todos e dizendo: "*Por favor, voltem ao trabalho. Daremos notícias assim que possível*". Se necessário, acrescente: "*Precisamos abrir espaço para os médicos da emergência*".

Quando o paciente estiver recebendo os cuidados adequados, podemos dar atenção a nossa equipe. Tenha em mente estes pontos:

- *No início, talvez não saibamos a história toda.* As pessoas sempre querem saber de tudo imediatamente, mas isso nem sempre é possível. Não saberemos a história toda até que os médicos a expliquem, o que ocorre depois do tratamento de emergência, do diagnóstico e dos primeiros cuidados. Ajude as pessoas a compreender que pode levar horas ou mesmo dias até que todas as informações estejam disponíveis.
- *A privacidade está em jogo.* Até mesmo uma pergunta inocente, como "O que houve?", pode ser difícil de responder. Por exemplo, se você sabe – confidencialmente – que um membro da equipe tem uma doença crônica relacionada à emergência, as explicações po-

deriam revelar muito sobre a doença. *A privacidade é mais importante que a curiosidade – e até mais importante que a preocupação sincera.*

- "*Ainda estamos no trabalho*" é um lembrete que vai ajudar as pessoas a voltar ao trabalho e a esperar por notícias. "*Vou cuidar disso e manter todos informados*" ajuda a acalmar os ânimos.

Posteriormente, mantenha-se mesmo informado e repasse a todos as notícias, ou peça a um funcionário que o faça. Quando for fazer isso, explique ao paciente: "*Todos viram a ambulância chegar e estão preocupados com você. Mas você não precisa dizer nada a eles se não quiser. Podemos apenas dizer que você está bem e quando vai voltar. Ou você prefere que eu diga outra coisa?*" Se o funcionário for ficar em licença por um tempo ou internado no hospital, a equipe deve enviar a ele um cartão ou presente. É claro que qualquer amigo do funcionário pode fazer mais, se quiser.

"Estão todos bem?"

As emergências podem causar confusão. Em caso de incêndio, depois da evacuação do prédio, você tem certeza de que todos saíram? Tem certeza de que estão todos bem – não apenas longe do fogo, mas de que ninguém caiu da escada ou ficou exausto depois de descer quinze andares? Tente encontrar todo mundo e peça que todas as pessoas fiquem em um único lugar. Em seguida, peça que alguém procure por aqueles que você não encontrou.

O ideal é que exista um plano de evacuação e que simulações sejam realizadas periodicamente. Se isso for feito, significa que uma pessoa já deve ter sido incumbida de garantir a saída de todos, cuidar da segurança e sair por último. Se não for o caso, seja o responsável por isso. *A segurança dos outros funcionários vem em primeiro lugar, a sua em segundo e a de informações confidenciais e equipamentos em terceiro.*

Tente evitar que as pessoas se dispersem. Ao encontrar cada uma, diga: "*Fiquem juntos no [determinado lugar], mas, se alguém precisar se afastar, deve avisar os outros aonde está indo, para que saibamos que todos estão bem*".

Quando todos estiverem juntos, decida o que fazer. Pergunte às pessoas se elas deixaram para trás objetos pessoais – principalmente coisas essenciais, como a chave do carro, e objetos de valor. Faça uma lista desses itens, e faça o que for preciso para cuidar dos funcionários. Se o fim do expediente estiver próximo e a entrada no prédio for demorar a ocorrer, talvez seja melhor dispensar a equipe. Veja se alguém – talvez você – vai precisar ficar por perto para proteger o escritório quando as pessoas puderem entrar no prédio novamente.

Quando um desastre acontece

Quando o ônibus espacial Challenger explodiu no momento do lançamento, eu trabalhava para uma empresa pequena e o carteiro nos deu a notícia. O chefe ligou uma televisão portátil – eu nem sabia que havia uma ali – e vimos o que estava ocorrendo. Quando desastres acontecem ou uma guerra é declarada, nosso papel como pessoas e como cidadãos é mais importante que nosso emprego. E reunir os funcionários para que possamos consolar e apoiar uns aos outros é saudável para as pessoas e para a equipe.

Ao mesmo tempo, precisamos ter cuidado com a obsessão e a distração. Se não houver novidades e os canais de televisão estiverem repetindo notícias e gravações sem parar, é melhor incentivar a volta ao trabalho. Peça a um funcionário que ouça as notícias no rádio ou ligue a TV a cada quinze minutos. Em seguida, ajude as pessoas a se concentrar novamente. Ao mesmo tempo, esteja atento a alguém com necessidades especiais. Por exemplo, se foi declarada guerra e um membro da equipe tem um filho nas forças armadas em outro país, é razoável dispensar esse funcionário naquele dia se ele quiser.

"O que aconteceu com ele?"

Depois de um caso de doença ou ferimento no escritório, as pessoas querem saber o que houve. Devemos controlar o fluxo de informações. Podemos evitar fofocas oferecendo informações claras – mesmo que sejam poucas – com freqüência e em momentos apropriados. Por exemplo, se um membro da equipe está de licença médica ou internado, é uma boa idéia informar a todos, na reunião semanal, o estado de saúde dele ou colocar um bilhete no quadro de avisos do escritório explicando como ele está e se pode receber ligações ou visitas.

Assuma a responsabilidade de gerenciar as informações e manter as pessoas atualizadas. É muito mais fácil fazer isso do que tentar abafar os rumores depois. Assim, você também protege a privacidade e as informações confidenciais do funcionário, porque consegue controlar que informações serão repassadas.

"Não sabemos o que está havendo"

Em algumas situações, simplesmente não sabemos o que está acontecendo. Por exemplo, se a equipe trabalha em um grande edifício, pode ser que tenhamos que evacuar o prédio por causa de um alarme de incêndio sem ao menos saber onde ele está ocorrendo – ou se foi um alarme falso. Ou, se um membro da equipe sofreu um infarto ou um derrame, pode demorar semanas até recebermos notícias do estado de saúde dele e sabermos se poderá voltar ao trabalho.

Mesmo assim, é importante manter as pessoas informadas. Dizer *"Não sabemos nada de novo"* é muito melhor que não dizer nada. E controle seus comunicados. Se, há duas semanas, você disse que teria notícias dentro de quinze dias, então está na hora de tentar obter informações. Se não houver, diga: *"Eu sei que disse que teríamos mais notícias hoje. Mas procurei saber com [os médicos ou outra pessoa] e ainda não há novidades"*. Depois, repasse com a equipe o que você sabe e diga às pessoas se elas podem ajudar.

Às vezes, quando o problema se prolonga, é bom organizar atividades em grupo relacionadas à situação. Alguém pode visitar o paciente de tempos em tempos e contar as notícias aos membros da equipe. Ou, se ele não puder receber visitas, a equipe pode entrar em contato com a família. Todas essas ações devem ser voluntárias. Se a equipe for enviar um cartão ou um presente ao enfermo, algumas pessoas podem dividir os custos e todos podem assinar o cartão. Assim, ninguém se sente pressionado, mas todos são incluídos e envolvidos.

Indenização ao trabalhador

Quando um funcionário se machuca ou fica incapacitado de alguma maneira durante o trabalho, tem direito a indenização. Mas esse é um assunto complicado. Por exemplo, se a pessoa tiver um problema crônico que piorar no trabalho, pode entrar com um pedido de indenização. O pedido também pode ser feito em caso de danos psicológicos.

Para simplificar, esse tipo de indenização é um assunto complicado demais para pessoas que não sejam especialistas em recursos humanos ou advogadas. Você, como líder, *deve se preparar consultando um especialista, mantendo-se informado, informando sua equipe, representando seus funcionários e sendo justo ao representar a empresa.*

Voltando ao normal

Crises não duram para sempre. Mais cedo ou mais tarde as coisas voltam ao normal, ainda que o normal não seja como era antes – como vimos com o aumento da segurança nos aeroportos depois do ataque às torres gêmeas.

É melhor para a empresa e para a equipe que as coisas voltem logo ao normal. Se a equipe passou por um choque, quer tenha sido regional ou nacional, reúna todos depois de um período razoável. Diga: "*A vida continua... mas não sozinha. É nossa tarefa fazer com que a vida con-*

tinue – fazendo nosso trabalho, atendendo nossos clientes. Não podemos esquecer o que houve, mas está na hora de nos concentrarmos no trabalho". Depois de uma grande tragédia, é melhor fazer isso em etapas. Por exemplo, pode ser bom reunir a equipe mensalmente e, a cada encontro, recolocar o foco no trabalho e incentivar o retorno à rotina e à maior produtividade. Você pode assumir a mesma abordagem em reuniões individuais com um funcionário que tenha experimentado uma perda pessoal, como a morte de um ente querido.

18
VIOLAÇÃO DAS REGRAS

Como líderes, nos encontramos entre as regras da empresa e o comportamento dos funcionários. E a empresa também tem que seguir regras – leis, regulamentos, padrões profissionais. Em uma empresa grande, somos um elo na corrente que liga o funcionário, a equipe, o gerente, o departamento de recursos humanos, o departamento jurídico e as regras da sociedade. Não temos como conhecer todas as regras, mas podemos – e devemos – conhecer o suficiente para saber quando um assunto é importante o bastante a ponto de precisarmos de orientação do departamento de recursos humanos ou do departamento jurídico.

Se você trabalha para uma empresa menor, não tem esse tipo de apoio. Apesar de ser caro, todas as empresas deveriam contar com os serviços de um consultor de recursos humanos e de um advogado como medida de prevenção, em vez de esperar até que um problema surja.

Quando lidamos bem com as situações difíceis que surgem em nosso departamento, evitamos processos onerosos e penalidades. Para isso, precisamos compreender as regras da empresa e, até certo ponto, os motivos delas. Algumas regras existem em todos os lugares, por serem senso comum – o equivalente a olhar para os dois lados antes de atravessar a rua. Outras fazem sentido quando compreendemos a lógica, a lei ou a experiência por trás delas – quando sabemos por que existem e que problemas tentam evitar. E algumas regras são ultrapassadas – não se encaixam na situação atual – ou simplesmente não fazem sentido.

Quando compreendemos os motivos da existência de uma regra, fica mais fácil aplicá-la e incentivar os outros a cumpri-la também. Se concordamos com o objetivo de uma regra, podemos encontrar a aplicação mais sensata em determinada situação. Em relação àquelas regras que não fazem sentido para nós, estaremos prontos para enfrentar uma situação difícil se ao menos conseguirmos compreendê-las, para que possamos decidir o que fazer quando elas forem violadas.

Uma boa maneira de evitar situações difíceis é garantir que todos conheçam as regras. Aliás, o treinamento e o reforço de algumas regras, como aquelas que abordam questões de assédio sexual, são fundamentais para demonstrar que a empresa não tolera um ambiente hostil e, assim, não pode ser responsabilizada por incidentes isolados de abuso. Uma vez que a má comunicação é uma fonte de conflitos, podemos evitar situações difíceis em geral garantindo que todos falem a mesma língua no que se refere às regras.

Problemas no modo de se vestir

Às vezes, uma regra é ignorada ou esquecida até se tornar um problema. Uma empresa pode estabelecer um código de vestimenta e não mencioná-lo, até o dia em que a roupa reveladora de uma nova funcionária, uma tatuagem ou um *piercing* causam uma reação desfavorável em um cliente ou mesmo entre a equipe.

Se alguém veio reclamar da roupa ou da aparência inapropriada de outra pessoa, consulte as regras da empresa. Faça duas perguntas:

- A roupa (ou a aparência) viola as regras?
- Em geral, essas regras são seguidas?

Se em geral as regras forem cumpridas, mas a aparência do funcionário não estiver de acordo com elas, reúna-se com ele e diga: "*Nem sempre falamos sobre isso, porque todos já sabemos, mas temos um código de vestimenta. Você o conhece? Se não, então eu cometi um erro – deveria ter falado sobre ele".* Depois de escutar a resposta, descreva o item que não se encaixa na regra e peça que o membro da equipe tome providências a respeito. Ele pode fazer uma mudança temporária naquele dia, como vestir um casaco para cobrir uma blusa reveladora. A menos que a peça de roupa seja muito ofensiva ou perigosa (como roupa com franjas que podem ficar presas em máquinas, no caso de uma linha de produção), não peça ao funcionário que vá para casa no meio do expediente para se trocar. Geralmente a regra pode ser cumprida a partir do dia seguinte.

Se em geral as regras não forem seguidas, sua situação será mais difícil. Por que o que as outras pessoas estão fazendo é certo, mas um determinado funcionário está sendo repreendido? Faça essa pergunta antes que o funcionário a faça. Assim, você estará pronto para dizer: "*Analisei as regras da empresa sobre vestimenta e percebi que todos nós prestamos menos atenção nelas do que deveríamos. Mas a sua [peça de roupa] cria um determinado problema para o escritório*". Explique por que a mudança se faz necessária, dando razões profissionais, e discuta o ajuste conforme descrito no parágrafo anterior. Você pode dizer: "*Faz sentido criar regras atualizadas a respeito das roupas para o departamento. Você gostaria de me ajudar?*"

As regras sobre roupas ficam ultrapassadas e costumam incluir termos vagos, como "casual profissional". Se você quiser ter uma aparência melhor no escritório ou ajudar sua equipe a adotar um visual mais profissional, isso pode fazer diferença no lucro, mesmo que você não trabalhe com vendas.

Problemas com tecnologia

A tecnologia em constante mudança pode complicar nossa vida, e algumas regras podem ajudar. Além dos procedimentos técnicos de instalação e configuração das máquinas, proteção de dados, para que não sejam roubados nem perdidos, prevenção de danos causados por vírus e uso de *softwares*, também precisamos de regras gerais sobre os computadores. Veja algumas sugestões:

- *Não é permitido o consumo de alimentos grudentos perto do computador.* Essa é uma das minhas favoritas, uma regra prática inventada por uma mulher muito mais velha – e inteligente – do que qualquer computador. Permite que sejam consumidos alimentos na mesa, porém impede que alguma peça do equipamento fique grudenta.
- *Apenas copos e canecas fechados perto do computador.* Já tentou secar um computador? Eu já. Não é nada fácil.
- *Os usuários não devem instalar programas* ou *Os usuários não devem instalar programas sem auxílio e permissão.* Se você seguir a última regra, estabeleça um procedimento padrão para a instalação e certifique-se de que ele seja atualizado e conferido por um técnico a cada mudança de sistema operacional.
- *Todos os programas devem ser de propriedade e registro da empresa.* Essa é uma questão de responsabilidade jurídica – já houve casos de processos e até fechamento de empresas por uso de *softwares* piratas.
- *Todos os computadores ligados em rede devem pertencer à empresa, ser configurados e gerenciados por ela.* Isso reduz os custos de suporte técnico e diminui o risco de danos causados por vírus.
- *Não é permitido nos computadores e* e-mails *nenhum material ofensivo, pornográfico ou de conteúdo adulto ou material que expresse preconceito de qualquer tipo contra pessoas ou grupos.* Deixe claro que a empresa é responsável por todas as informações dos computadores e, assim, tem o direito de administrar e inspecionar tudo. Os funcionários não têm direito a privacidade de informações nos computadores do escritório. Isso é essencial para que a empresa possa demonstrar que garante a inexistência de ambiente hostil.

- *O acesso aos computadores e à Internet é apenas para uso profissional. Especificamente, é proibido usar os equipamentos da empresa para acessar sites de pornografia ou de conteúdo adulto ou sites que contenham material ofensivo.* Deixe claro que isso inclui *laptops* usados em viagens ou em casa, se a empresa for dona deles.

Dependendo da atividade da empresa, talvez você precise acrescentar outras regras, como permissão para fazer *backup* de dados e proteção do sistema com senha. Além disso, não podemos responsabilizar as pessoas por mensagens não solicitadas que elas recebam – mas podemos responsabilizá-las pelo conteúdo de qualquer coisa que salvem ou enviem.

Em alguns ambientes, pode ser uma boa idéia permitir uso pessoal dos computadores, desde que limitado e razoável. Por exemplo, se posso telefonar para casa para avisar que vou trabalhar até mais tarde, por que não posso fazer isso por *e-mail*? Se a empresa permite que eu use a máquina de xerox para copiar dez páginas para o trabalho escolar do meu filho, por que não posso imprimir dez páginas na impressora do trabalho? A vantagem de permitir o uso pessoal razoável é que isso cria um ambiente de trabalho mais amigável e leal. A desvantagem é que cria muitas áreas obscuras. Quanto é demais? Se um funcionário tem um horário de almoço flexível, como saber se o uso pessoal da Internet que aparece no histórico aconteceu no horário de almoço e não durante o expediente? Se a impressão para trabalhos escolares é aceitável, o que dizer sobre a impressão para eventos religiosos ou políticos? Não sou contra o uso pessoal razoável. Estou dizendo que, independentemente das regras estabelecidas, precisamos administrá-las, informando, educando e ganhando a colaboração de nossa equipe.

É importante levar a sério toda infração às regras e aplicá-las de modo consistente e justo. Caso contrário, corremos o risco de criar um ambiente no qual os hábitos rotineiros das pessoas não seguem as regras. As conseqüências disso são muitas situações difíceis com o passar do tempo.

Convivendo com regras das quais você não gosta

Às vezes, precisamos impor uma regra com a qual não concordamos. Se nos esforçarmos para compreendê-la e não conseguirmos, talvez tenhamos apenas que aceitá-la. A palavra-chave é "nós". Para evitar conflitos com sua equipe, diga: "*Nós temos que conviver com essa regra*". Pode acrescentar: "*Provavelmente não gosto dela tanto quanto vocês*". Você também pode dizer que algumas batalhas valem a pena e outras não. "*Vamos conviver com essa regra e nos concentrar no trabalho e na equipe.*"

Mudanças imprevistas de regras

Em algumas empresas, as regras parecem ser estabelecidas e modificadas sem controle pelos diretores ou pelo departamento de recursos humanos. Pode começar a parecer que a empresa está colocando empecilhos no caminho da equipe, reduzindo a produtividade e a eficácia. Mesmo que as regras sejam boas, ainda pode haver dois problemas:

- Cada mudança demora a ser aprendida e implementada – e tempo é dinheiro.
- Se as regras são feitas sem a participação da equipe, fica difícil ter a compreensão e o comprometimento de seus membros.

Uma abordagem é pensar nas constantes mudanças de regras como um problema a ser enfrentado em equipe. "*Se quisermos manter a produtividade, precisamos lidar com essas mudanças de regras. O que vocês acham de criarmos uma equipe pequena dentro de nosso departamento que aprenda as regras quando elas entrarem em vigor e nos ajude a aplicá-las?*" Dessa maneira, você delega parte do trabalho e faz com que a participação seja maior. Você pode revezar os membros dessa pequena equipe, para que haja equilíbrio na divisão de tarefas e todos sintam um pouco do gosto da administração.

Conseguindo mudanças nas regras

Uma pergunta que às vezes surge é: "Podemos – como equipe ou departamento – mudar as regras?" Você deve discutir esse assunto com seu chefe e com o departamento de recursos humanos. Se a empresa for bem organizada, terá explicações claras sobre quais regras devem ser aplicadas da mesma maneira a todos, quais podem ser interpretadas de maneira diferente em determinados departamentos e quais a nossa equipe pode escolher ou criar.

Infelizmente, a situação tem poucas chances de ser tão clara. Talvez você precise interferir para dar orientação. Ao apresentar seu caso, concentre-se no resultado final – produtividade e lucro. Regras costumam reduzir riscos, como danos ou processos, e isso é bom. Ao mesmo tempo, departamentos diferentes têm necessidades diferentes. Por exemplo, uma política de reembolso de despesas de viagem que funciona para a maior parte da empresa pode ser um grande problema no caso de uma equipe de vendas que viaja para fazer transações. Aqui estão algumas idéias que você pode usar na apresentação de suas sugestões:

- A flexibilidade com registros claros vai manter os riscos baixos, ao mesmo tempo em que aumentará a produtividade.
- As pessoas que executam o trabalho conhecem as melhores maneiras de fazê-lo. Equipes com mais autonomia não são apenas mais produtivas, mas também mais obedientes às regras que ajudam a criar.

Se você propuser uma modificação em uma regra, certifique-se de que ela:

- melhore a produtividade;
- cumpra o propósito prático da regra anterior;
- seja importante o bastante para ser submetida à aprovação dos superiores.

Regras sem sentido

Algumas regras simplesmente não fazem sentido algum. Por isso, vamos criar uma regra para lidar com elas: *Se ninguém na empresa souber para que serve uma regra e ninguém conseguir descobrir, cancele-a.*

Regras sem sentido são uma perda de tempo e dinheiro. Melhore o desempenho livrando-se delas.

Exemplo: Prendendo o gato

Existe uma velha história sobre um professor que dava aulas em casa. Ele tinha um gato, que gostava de brincar com o dono sempre que este iniciava a palestra. Um dia, ele se cansou e pediu que o gato fosse preso durante as aulas, então alguns alunos fizeram isso.

O velho professor morreu, mas o gato continuava sendo inconveniente quando o novo professor dava aula, por isso continuaram a prender o animal.

Até que o velho gato morreu. O novo professor não queria saber de bichos de estimação. Mas havia a regra de que um gato tinha que ser preso sempre que o professor fosse dar aula. Assim, os alunos saíam e buscavam um gato para que pudessem prendê-lo antes de todas as palestras.

A lição: Regras e procedimentos desnecessários são uma perda de tempo e dinheiro. Não permita que eles o atrapalhem. Revise-os e mantenha-os atualizados para aumentar a produtividade.

19
RESPEITO

Quando os funcionários respeitam uns aos outros e a nós, o ambiente de trabalho se torna seguro e produtivo. Podemos criar esse ambiente dando o exemplo, principalmente nos momentos de dificuldade. O respeito – que pode ser definido como o reconhecimento da dignidade de cada um – é uma atitude que deve ser verdadeira. Demonstramos respeito estando presentes e prestando total atenção em cada pessoa, mostrando que compreendemos o que ela diz e respondendo de maneira atenciosa, em vez de reagir.

Respeitar alguém não significa dar tudo que ele quer, e sim ter certeza de que ele sabe que é ouvido, valorizado, levado a sério e reconhecido. Quando respeitamos as pessoas, fica mais fácil para elas aceitar que não estão recebendo exatamente o que querem.

Como tornar o respeito verdadeiro? Praticando-o constantemente e tomando conta de nós mesmos. Para expressar o respeito com clareza, não devemos nos deixar dominar pela tensão ou pelas dificuldades. Então praticamos os ingredientes citados acima, como atenção e consciência. Por fim, praticamos frases específicas e métodos que expressam respeito e garantimos que a mensagem seja transmitida e captada da maneira correta.

O respeito constante pelas pessoas é um nível muito alto de profissionalismo. Também traz outros benefícios:

- Quando nos concentramos no respeito e na valorização e nos esforçamos para ser receptivos, nos tornamos menos reativos, o que reduz nosso nível de estresse.
- Geralmente, a lealdade e a admiração se desenvolvem conforme as pessoas vêem como interagimos não com elas, mas com os outros. Quando os membros da equipe nos vêem respeitando alguém que está nervoso ou com vergonha, mas sem fazer concessões a essa pessoa, a confiança que eles têm em nós aumenta.
- A falta de auto-respeito nos impede de respeitar os outros. Conforme praticamos o respeito às pessoas, também nos respeitamos e nos tornamos menos egoístas e mais eficientes.
- Com o tempo, construímos relacionamentos fortes com base no respeito mútuo. Isso permite que todos – inclusive nós mesmos – sejam humanos e cometam erros sem colocar o relacionamento em risco.

Como podemos incentivar o respeito de modo que se torne um hábito para todos os membros de nossa equipe? Será simples se seguirmos estes passos:

1. Em primeiro lugar, demonstramos respeito o tempo todo.
2. Pedimos respeito – não especialmente para nós mesmos, mas que os membros da equipe respeitem uns aos outros, a nós mesmos, aos clientes, a todo mundo.
3. Ensinamos como respeitar, usando as ferramentas descritas neste capítulo e outras que descobrimos ser eficientes.

Como saber quando nosso respeito pelas pessoas está funcionando? Elas nos dizem. Demonstram como somos valorizados e como se sentem apoiadas por nós.

Uma equipe com respeito mútuo dura muito tempo, tem custo baixo, alta produtividade e é uma oportunidade para todos fazerem uma contribuição criativa em prol de objetivos comuns.

Comunicação

Quando as pessoas querem alguma coisa, na verdade querem duas, porque toda comunicação é uma via de mão dupla. Em primeiro lugar, queremos ser ouvidos. Em segundo, queremos o que queremos. Como líderes, nem sempre podemos dar aos funcionários o que eles querem. Mas podemos garantir que eles sejam ouvidos e que saibam disso.

Sempre que negar um pedido de um membro da equipe, diga: "*Eu compreendo como você se sente, mas...*". Se ele estiver bravo, vá ainda mais devagar. Diga: "*Eu compreendo como você se sente*". Pare, escute e tenha certeza de que ele perceba que está sendo ouvido e de que esteja relaxando. Depois disso, conte as más notícias: ele não vai receber o que quer.

Se a situação for complicada e a pessoa estiver confusa e brava, podemos ir ainda mais devagar usando a técnica do *espelhamento*:

1. Escute.
2. Diga: "*Você está dizendo que...*" e repita o que foi dito com suas próprias palavras. Pergunte: "*Eu entendi bem?*"
3. Peça à pessoa que corrija o que você disse, se for o caso, ou diga se está correto.
4. Dê sua resposta.

Peça aos membros de sua equipe que pratiquem o espelhamento com você também. Assim, você pode ter certeza de que eles o entenderam ou de que compreenderam instruções difíceis. Se as pessoas estiverem zangadas, ajuda se todas usarem o espelhamento e cada uma falar brevemente – uma frase ou duas – antes da aplicação da técnica.

Pode parecer um esforço grande demais, mas não é. Fazemos isso o tempo todo quando pedimos informações sobre um lugar que não conhecemos. Por quê? Porque queremos acertar e não perder tempo confusos e tentando encontrar o caminho. O espelhamento elimina tanta frustração e economiza tanto tempo que seria perdido com mal-entendidos que vale a pena gastar um tempo a mais para fazê-lo.

A resposta "Sim, e..."

"*Sim, e...*" é o truque mais simples que conheço para expressar respeito e evitar discussões. Leia estes diálogos em voz alta e veja se consegue perceber a diferença:

- Eu mereço um aumento.
- Sei que você acredita que merece um aumento, mas não vai ter um.

Isso poderia se tornar uma discussão. Agora, veja este:

- Eu mereço um aumento.
- Sim, compreendo que você acredita que merece um aumento. E sinto muito, mas agora você não vai ter um.

Acrescentei algumas outras coisas que expressam, na comunicação escrita, a sensação de "*Sim, e...*". "Compreendo" é mais gentil que "sei". "Sim" é mais gentil que "não". Reconhecer os sentimentos, pedir desculpas e estabelecer um limite de tempo, para que não pareça que você está colocando um ponto final na questão, constrói o relacionamento e reduz a tensão.

Quando adquirimos o hábito de dizer "*Sim, e...*", essas outras expressões gentis surgem naturalmente, e criamos um relacionamento com base no respeito e na ausência de tensão. Como equipe, aprendemos a discordar sem entrar em conflito.

Respeito, por favor

Alguns comportamentos – como interromper quem está falando, mudar de assunto, fazer cara de tédio ou sair da sala enquanto alguém está falando com você – são gestos que demonstram desrespeito, sejam intencionais ou não. Se você vir alguém fazer isso ou um membro da equipe reclamar que não está sendo respeitado, identifique o comportamento e converse com a pessoa que o adotou. Antes de abordar o funcionário, tenha certeza de que ele realmente age dessa maneira, e com freqüência.

"Espero que você respeite todos os membros da equipe e peço que se comporte como se respeitasse. Quando você [diga o que ele faz], as pessoas pensam que está sendo desrespeitoso." Em seguida, pergunte se ele tem consciência do comportamento e se está disposto a tentar mudá-lo. Veja maneiras de lidar com respostas comuns nessa situação:

- "Mas fulano disse..." Responda: *"Mesmo assim, maturidade é a maneira como lidamos com pessoas imaturas. Por favor, seja profissional e respeitoso. Se quiser, posso pedir a essa pessoa que faça o mesmo"*.
- "Eu não sabia que fazia isso." Responda: *"Às vezes, é difícil perceber que fazemos essas coisas. Se eu vir isso de novo, você gostaria que eu o chamasse em particular e dissesse?"*

Podemos falar sobre respeito com a equipe toda, mas nunca devemos pedir a uma pessoa, diante dos outros funcionários, que mude seu comportamento ou seja mais respeitosa. Se você fizer isso, pode passar a impressão de que está chamando-a de imatura, e ela pode ficar muito envergonhada. Quando passamos por uma situação em que nos sentimos envergonhados ou humilhados, fica muito mais difícil perceber e mudar nosso comportamento.

Abrindo espaço para as diferenças

Parte do respeito está em abrir espaço para pensamentos, pontos de vista e sentimentos – e, é claro, para a aparência física e preferências – diferentes dos nossos. Mesmo assim, muitos líderes reclamam, criticam ou implicam, como se quisessem que os outros concordassem com eles em todas as situações ou fossem como eles. Esta frase, falsamente atribuída a Voltaire, diz muito: *"Não concordo com o que você diz, mas defenderei até a morte seu direito de dizê-lo"*.

Incentive sua equipe: *"Deixem todos falarem livremente, sem ser criticados. Expressem respeito e reconhecimento antes de discordar"*. Você pode seguir ensinando ferramentas úteis, como o *brainstorming* para criar regras básicas, apresentado no capítulo 5, e o *brainstorming* sem críticas descrito no capítulo 7.

Quando um membro da equipe não quer escutar

O que fazer quando um membro da equipe reclama de um colega, dizendo: "Ele não nos escuta"? Em primeiro lugar, peça detalhes específicos à pessoa que fez a reclamação. Certifique-se de que ela esteja sendo clara e tente entender o que está havendo de fato. Quando dizemos que alguém não está escutando, isso pode significar que a pessoa:

- não se lembra das coisas e não as anota para não se esquecer de realizá-las;
- não faz o que queremos que ela faça;
- não é atenta, não nos ouve de fato;
- permite interrupções e distrações, como atender o telefone durante uma reunião.

Quando você compreender o que está realmente acontecendo, defina o que precisa ser mudado. Aqui estão algumas possibilidades:

- Pedidos e instruções devem sempre ser anotados.
- As pessoas devem ser incentivadas a falar abertamente sobre sua relutância em realizar determinada tarefa.
- As pessoas devem ser instruídas a avisar alguém com antecedência se não puderem realizar uma tarefa solicitada.
- A pessoa precisa treinar habilidades de escuta.
- A equipe precisa de regras em relação a interrupções durante as reuniões.

Decida que ação é adequada e oriente a pessoa ou a equipe rumo a uma solução eficiente.

Homens, mulheres, cultura e respeito

Quando homens e mulheres conversam uns com os outros, os sinais podem ser mal compreendidos e as pessoas podem se sentir desrespeitadas, mesmo quando não era essa a intenção. O mesmo ocorre entre culturas diferentes. Não vemos nem ouvimos as palavras que escolhemos, nossas expressões faciais, padrões de escuta e fala e nossa linguagem corporal. Isso faz com que fique difícil mudá-los. Mesmo assim, essas expressões têm significados diferentes para diferentes pessoas.

Veja dois exemplos:

- Cada um de nós pausa por um momento entre os pensamentos e as sentenças. As pessoas que usam pausas menores pensam que os outros fazem o mesmo. Assim, pensam que a outra pessoa já terminou de falar quando, na verdade, ela ainda está pensando – e a interrompem. De modo geral, os homens falam usando pausas menores, por isso tendem a interromper as mulheres por engano com mais freqüência.
- Em algumas culturas, as mulheres ficam muito ofendidas com assobios, cantadas e outras expressões masculinas que exprimem apre-

ciação pela beleza ou atração sexual delas. Aliás, essas ações podem ser a base para um processo por assédio sexual. Ao mesmo tempo, existem culturas nas quais essas mesmas expressões não apenas são realizadas pelos homens, como também apreciadas pelas mulheres. Em algumas culturas, as mulheres têm orgulho de sua aparência e gostam de tê-la reconhecida.

Esses padrões são estudados pela sociolingüística. Um bom livro a respeito de homens, mulheres e comunicação no trabalho é *Você simplesmente não me entende: o difícil diálogo entre homens e mulheres*, de Deborah Tannen (Rio de Janeiro: Best Seller, 1990).

Quando uma pessoa se sentir desrespeitada, pergunte: "*O que exatamente a outra pessoa está fazendo que faz você se sentir assim?*" Depois, resolva a situação com as duas pessoas. Pode ser útil estabelecer novas regras ou simplesmente ajudar a pessoa que reclamou a entender o comportamento da outra e compreender que ela não teve a intenção de ofendê-la.

Exemplo: Traduzindo culturas

Meus avós foram criados na cidade de Nova York. Certa vez – isso ocorreu nos anos 40 –, eles estavam visitando uma mulher que tinha a idade deles no interior do estado da Carolina do Norte. Minha avó não conseguia entender o que a outra mulher dizia e vice-versa. O inglês de ambas era perfeito, mas os sotaques eram muito diferentes. Meu avô, que conseguia compreender as duas, repetia lentamente o que cada uma dizia, para que elas pudessem se comunicar.

Meu avô e minha avó haviam crescido juntos e tinham o mesmo sotaque. Como ele conseguia entender o sotaque de uma pessoa do sul e ela não? Ele era professor de faculdade. Tinha aprendido a falar lentamente para ser compreendido e a escutar com atenção pessoas de sotaques diferentes.

A lição: Independentemente de ser uma questão de sotaques, gestos, palavras, tom de voz ou linguagem corporal, devemos aprender a escutar e a compreender todas as pessoas. Devemos nos esforçar para ser compreendidos com paciência, sem críticas. E podemos orientar nossa equipe a fazer o mesmo.

PARTE 3
MUITO DIFÍCIL DE CONTROLAR

O que é melhor do que encontrar soluções perfeitas para situações difíceis? Óbvio: prevenir as situações difíceis. Isso é fácil de dizer, mas difícil de fazer. No entanto, impedir situações difíceis é mais barato do que correr de um lado para o outro apagando incêndios. Em vez de resolver problemas, podemos utilizar nosso tempo para prever os próximos passos e realizar melhorias.

Algumas situações difíceis sempre vão aparecer. Mas há muito a fazer para evitá-las e para garantir que saibamos lidar com elas quando surgirem.

No capítulo 20, analisamos o apoio que podemos receber de dois tipos de especialistas: o departamento de recursos humanos (ou consultor de RH) e o advogado. Em uma empresa grande, podemos contar com os dois. Em uma empresa menor, talvez seja preciso procurar ajuda fora. De qualquer maneira, é bom saber duas coisas: O que podemos fazer, de modo proativo, para evitar que os problemas requeiram apoio jurídico ou administrativo? E como saber se uma situação está indo além do que o líder pode tentar fazer sozinho?

No capítulo 21, abordamos as qualidades de liderança que podemos aprender e praticar para que possamos treinar cada membro da equipe a ser mais independente e perspicaz. Assim, quando uma situação difícil surgir, o funcionário irá até você e dirá: "Pode deixar, já cuidei de tudo".

20
QUANDO PROCURAR AJUDA

Alguns problemas que ocorrem no escritório exigem autoridade ou conhecimento além do que você, como gerente ou supervisor, pode ou deve exercer. O desafio é saber reconhecer esses momentos. Você não quer que as coisas fujam do controle. Tampouco quer tirar o corpo fora de tarefas que cabem a você.

O QUE GERENTES FAZEM

Vamos pensar em uma empresa que está sendo esmagada entre problemas jurídicos de um lado e problemas com funcionários de outro. Os problemas se encaixam em três categorias:

- *ações criminais*, que surgem do fato de a empresa violar leis, intencionalmente ou por negligenciar suas responsabilidades jurídicas;
- *processos civis*, que surgem de práticas corporativas que violam os direitos individuais dos funcionários ou alguma norma jurídica;
- *processos civis individuais*, nos quais um funcionário processa a empresa pela violação de seus direitos civis.

Empresas grandes lidam com o problema de ser esmagadas entre problemas jurídicos e de funcionários com um conjunto de três "amortecedores", cada um com uma função distinta. O primeiro é o departamento jurídico, que responde por processos civis e criminais e dá consultoria a respeito do risco ou da vulnerabilidade a esses processos. O departamento de recursos humanos atua como o segundo amortecedor, definindo e implementando políticas sobre pessoal que reduzem o risco de problemas legais.

Nós, líderes, somos o terceiro amortecedor. Nosso trabalho tem três grandes efeitos: aumentar a produtividade, reter funcionários e reduzir o risco de problemas legais. Aqui estão algumas coisas que podemos fazer para reduzir tais riscos:

- obter conhecimento geral a respeito dos direitos dos funcionários e da empresa, das leis que os protegem e das áreas que mais apresentam problemas;
- obter treinamento específico em qualquer área que seja importante para nosso negócio, incluindo tópicos gerais, como assédio sexual e saúde do funcionário, e questões relacionadas à indústria;
- formar uma equipe em um ambiente sem acusações e com muito respeito. Um grande motivador de processos – em oposição a métodos menos onerosos de resolução de conflitos – é a percepção de que o gerente ou a empresa desrespeita os funcionários ou reluta em assumir responsabilidades ou aceitar culpa;
- aprender com os departamentos de recursos humanos e jurídico, de maneira proativa, como evitar problemas, em vez de esperar que eles aconteçam;
- ficar atento a sinais de conflito extremo ou anormal e consultar o departamento de recursos humanos ou jurídico o mais cedo possível para resolver esses conflitos;
- ter consciência das limitações do próprio conhecimento e pedir ajuda antes de agir em relação a qualquer coisa que o confunda ou que possa ter implicações concernentes aos direitos dos funcionários ou à responsabilidade jurídica da empresa.

Se sua empresa tiver um departamento ou consultor jurídico e um departamento de recursos humanos, é a eles que você deve recorrer para pedir ajuda. Mas e se você trabalha ou possui uma pequena empresa que não conta com esses recursos? Então vai precisar procurar um serviço de consultoria. Aqui estão algumas dicas:

- Até mesmo um profissional liberal, cuja empresa seja composta apenas por ele, deve ter alguém com quem possa discutir assuntos legais, como incorporações e contratos. Se a empresa pretende contratar funcionários, consulte esse advogado para obter conselhos relacionados à contratação também. Certifique-se de que ele tenha experiência de trabalho com empresas pequenas e que compreenda as limitações de verba e os problemas envolvidos. Se possível, encontre alguém que tenha experiência na área de atuação da empresa.
- Assim que a empresa tiver um funcionário, é preciso estabelecer um bom sistema de folha de pagamento. Erros em folhas de pagamento são muito onerosos, e os donos das empresas podem ser pessoalmente responsabilizados por violações. O controle pode ser feito por meio de um escritório de contabilidade. No entanto, é bom utilizar os serviços de alguém com experiência e treinamento em recursos humanos e especialização em pequenas empresas.
- Conforme a empresa crescer e contratar mais funcionários, torna-se cada vez mais importante o conhecimento sobre assuntos relacionados a recursos humanos. Isso pode ajudar a evitar más escolhas na hora de contratar, melhorar o tempo de permanência do funcionário na empresa e deixá-la longe de problemas.
- Ler este livro – ou qualquer outro – não substitui um especialista em recursos humanos e um jurídico. Para acertar em tudo, você precisa analisar sua situação específica com alguém que conheça as responsabilidades legais que se aplicam, além dos direitos, leis, regulamentações e jurisprudências.

SINAIS DE PERIGO

Obviamente, não queremos gritar por ajuda sempre que um membro da equipe tiver um problema. Ao mesmo tempo, novas histórias sobre casos raros em que um funcionário causa grandes transtornos sem nenhum sinal de alerta nos deixam preocupados. O primeiro passo é conversar com o departamento de recursos humanos e com o jurídico para que eles nos digam quando querem ser informados de alguma situação. Além disso, pense nas diretrizes a seguir.

Em geral, *não* leve para o departamento jurídico ou pessoal problemas que se encaixarem nas seguintes condições:

- Está claro qual é o problema.
- Você e o(s) membro(s) da equipe envolvido(s) têm um plano para solucionar o caso.
- Todos estão contribuindo para encontrar a solução.
- Parece que tudo pode ser resolvido sem que ninguém precise deixar a empresa.

Agora, veja alguns motivos que podem justificar o contato com o departamento de recursos humanos:

- Existe a possibilidade de a situação acabar em demissão e você quer seguir os procedimentos adequados e documentar tudo de modo apropriado. A demissão de um funcionário, mesmo quando tem um bom motivo, pode ser legalmente contestada se não for feita de modo adequado, com motivos objetivos, alertas ao funcionário a respeito da possível demissão e tempo suficiente para que ele tenha a chance de corrigir o problema.
- Um funcionário tem um problema de saúde. Conhecer o diagnóstico de um dos membros da equipe – seja percebendo-o sozinho ou tomando conhecimento dele por meio do funcionário ou de outra pessoa – pode mudar as obrigações da empresa em relação a ele.

- Um funcionário é viciado em álcool ou drogas ou tem qualquer outro vício, como jogos de azar. Esses problemas trazem diversos riscos ao ambiente de trabalho. Em primeiro lugar, o vício é algo muito difícil de curar, por isso a decisão de mudar nem sempre é bem-sucedida. Em segundo lugar, os viciados muitas vezes se tornam bons em esconder a verdade, por isso a honestidade e a confiança – ingredientes essenciais a qualquer boa solução – ficam comprometidas. Em terceiro, o teste de drogas é um terreno perigoso e confuso em termos jurídicos.
- Você sente que está com um problema maior do que consegue resolver ou que algo estranho está acontecendo, e não consegue descobrir o que é. Aprendi que a experiência e a especialização são importantes. Sua especialização é lidar com o seu departamento. Não hesite em consultar e aprender com alguém que tenha uma especialização diferente – questões relacionadas a pessoal.

A seguir estão alguns motivos para entregar o assunto ao departamento de recursos humanos ou ao jurídico e deixá-los guiar o processo:

- Você sabe que existem regras importantes, mas não as conhece bem. Às vezes, sabemos que não conhecemos o básico, como o sistema de indenização em caso de demissão. Outras vezes, enfrentamos situações que envolvem questões jurídicas com as quais nunca lidamos antes, como a primeira vez que um membro da equipe se fere no trabalho.
- Há a possibilidade de um processo, seja administrativo, civil ou criminal.
- Você está envolvido em um conflito e seus esforços para resolvê-lo não estão funcionando. A mediação de um terceiro pode ajudar.

Ao tomar a decisão de pedir ajuda, use o bom senso, mas é melhor pecar por excesso – de comunicação, procurando se informar – do que se manter em silêncio. Se você ficar preocupado com o fato de que pedir orientação pode fazê-lo parecer fraco, siga os seguintes passos. Em primeiro lugar, defina o problema de modo claro. Em segundo, esboce uma direção ou solução. Em terceiro, entre em contato com o departamento de recursos humanos ou jurídico e diga: "*Tracei um plano de ação, mas quero checá-lo com vocês antes. Sei que pode haver procedimentos ou leis dos quais não tenho conhecimento*". Dessa maneira, você terá estabelecido uma base que expressa a seguinte mensagem: "Ambos somos profissionais, mas temos áreas diferentes de especialização". Por experiência, posso dizer que a maioria dos especialistas em recursos humanos e consultores jurídicos ajuda oferecendo opiniões e conhecimento, não críticas.

Outra abordagem ao mesmo problema é dizer: "*A situação está se tornando complicada e quero que você tome conhecimento de tudo*". Aqui, você está sendo responsável e informando o RH. O pior que pode escutar como resposta é: "Esse problema é muito pequeno para nós". Se isso ocorrer, pergunte que critério aplicar no futuro. De qualquer modo, as chances de você ser criticado ou culpado por abordar a questão são menores.

Eu incentivo mais comunicação, em vez de menos, por um motivo simples: as conseqüências de problemas que não foram informados suficientemente cedo ao departamento de RH e ao jurídico são bem piores do que as consequências de problemas triviais informados desde cedo. Como disse anteriormente, uma empresa precisa de três amortecedores para não ser esmagada por um grande choque. Se você não informar o problema ao departamento de RH e ao jurídico, a empresa só vai poder contar com um amortecedor – você –, e o prejuízo vai ser bem pior. Aliás, provavelmente vai ser pior para você.

Estabeleça bons relacionamentos com o RH e o jurídico, aprenda com eles e mantenha-os informados a respeito de situações difíceis.

A lição: Geralmente, o departamento de recursos humanos já tem soluções prontas para problemas que não sabemos resolver. E o jurídico tem procedimentos de rotina para resolver situações difíceis. É para isso que eles são pagos. É para isso que existem.

EVITANDO PROCESSOS E ESCÂNDALOS

Todas as pessoas têm o direito de abrir um processo por qualquer motivo que julguem razoável. Assim, não há nada que uma empresa possa fazer para garantir que processos não ocorram. Entretanto, podemos fazer muito para reduzir as chances de eles ocorrerem. Os advogados chamam isso de reduzir a exposição a uma ação legal.

- Mantenha bons relacionamentos com os funcionários. Seja respeitoso e resolva os conflitos com rapidez e justiça. As pessoas ficam bravas – e mais propensas a tomar uma atitude – quando sentem que não estão sendo ouvidas. Existe até certa evidência de que empresas que se desculpam têm menos probabilidade de ser processadas.
- Siga procedimentos, seja consistente e mantenha registros por escrito das atitudes tomadas. A maioria dos procedimentos de recursos humanos é feita para garantir o respeito às leis e às regulamentações. Se uma situação for levada ao tribunal, será útil ter um registro consistente, justo e claro do esforço feito para resolver o problema.
- Mantenha a boa comunicação, mesmo durante um conflito. Escute com atenção, pergunte às pessoas o que elas querem de você, dê o que elas precisam e peça reconhecimento – de preferência por escrito – de que elas conseguiram o que precisavam. Deixe um registro claro por escrito que demonstre que elas tiveram a chance e conhecem as conseqüências. É aí que entra a frase "ação disciplinar, que pode incluir demissão".
- Utilize recursos adicionais. A mediação e a arbitragem são muito menos custosas do que uma ação legal.

Em alguns casos, a empresa pode estar preocupada com a publicidade acerca de um assunto problemático. Publicidade ruim é um problema oneroso, que inclui:

- rumores – ou informações verdadeiras – a respeito de ações que fazem a empresa ficar com uma imagem ruim internamente;
- notícias parecidas circulando entre clientes;
- matérias desfavoráveis em jornais, revistas, televisão e outras mídias.

A publicidade ruim – merecida ou não – prejudica a reputação da empresa. A melhor maneira de evitá-la é manter uma comunicação respeitosa e assumir a responsabilidade por nossa participação no problema.

A lição: Seja respeitoso, use uma abordagem sem acusações e assuma seus erros para desenvolver e manter uma reputação sólida.

A proteção da arbitragem

Arbitragem é o processo de ter um árbitro formal, e não um juiz, para resolver disputas. É uma grande economia de custos. No entanto, uma vez que todos têm o direito de entrar com um processo, não podemos forçar ninguém a aceitar a arbitragem quando um problema surge. Assim, é uma boa idéia incluir uma cláusula de arbitragem em todos os contratos com clientes e funcionários. Para saber mais sobre o assunto, entre em contato com instituições de mediação e arbitragem.

A resolução alternativa de conflitos inclui a *arbitragem*, na qual ambas as partes trabalham com um árbitro, que tem autoridade para tomar uma decisão, e a *mediação*, na qual as partes trabalham com um mediador, mas este não tem autoridade decisória.

Talvez esse funcionário precise de ajuda profissional

"Ajuda profissional" é um eufemismo comum na psicologia e na psiquiatria. Todos temos dias em que pensamos que alguém precisa de ajuda – e provavelmente outros em que acreditamos que nós mesmos poderíamos utilizá-la. Mas não temos a qualificação necessária para decidir se um funcionário precisa de apoio psicológico ou mesmo de ajuda com um problema de vício, por exemplo.

Se você trabalha para uma grande empresa, procure saber se ela oferece um programa de assistência ao funcionário, que inclua serviços de apoio psicológico em casos de abuso de drogas ou álcool. Se a empresa dispuser desse serviço, os administradores do programa podem oferecer diretrizes sobre como recomendá-lo a um funcionário.

É importante diferenciar o vício em álcool ou drogas de transtornos psicológicos, embora ambos muitas vezes coexistam. A empresa deve ter políticas claras em relação ao vício no trabalho, a atividades criminosas (como posse de substâncias ilegais) no trabalho e a trabalhar sob a influência dessas substâncias. Algumas companhias, como empreiteiras, nas quais a segurança pública está envolvida, devem manter essas regras sob estrito controle.

Eis algumas coisas a ter em mente em relação ao vício no trabalho:

- Ter uma política clara – e conhecê-la – ajuda muito.
- Muitas empresas prestam ajuda ao funcionário que procurar assistência voluntariamente, mas demitem aquele que for flagrado bêbado ou drogado ou fazendo uso dessas substâncias.
- Saber se o problema existe (saber, e não suspeitar), sem violar o direito à privacidade do funcionário, é muito difícil.
- Revistar bolsas, roupas ou armários de funcionários pode ser invasão de privacidade. As empresas devem ter uma regra escrita, revista por um advogado – e assinada pelo funcionário no ato da contratação –, de que tem o direito de vasculhar mesas, todas as áreas

do escritório e computadores, além de todos os documentos. Como as empresas são responsáveis por garantir que o ambiente de trabalho não seja hostil, é preciso estabelecer clara autoridade para procurar por sinais de um ambiente hostil. Tal política também ajuda a encontrar eventuais provas de uso de drogas ou álcool.

- A empresa deve ter a política de que, ao descobrir que o funcionário cometeu um crime durante o expediente ou na propriedade da empresa, a demissão seja imediata, já que isso abrange o uso de álcool ou drogas durante as horas de trabalho, dirigir embriagado ou drogado durante o expediente e ter ou vender drogas dentro da empresa.
- Realizar testes de drogas nos funcionários é um assunto que gera questões jurídicas muito complicadas (veja quadro a seguir).

Problemas em relação ao teste de drogas

Um teste de drogas é uma invasão de privacidade e pode ser encarado como violação ao direito constitucional de não se sujeitar a revistas ilegais. Uma pessoa pode usar drogas no tempo livre. É crime e motivo de preocupação para o empregador, mas basicamente não tem nada a ver com a empresa. Ao realizar o teste de drogas, mesmo que seja durante o expediente, podemos detectar drogas consumidas no tempo livre da pessoa – e não temos permissão legal de saber sobre isso.

Além disso, a suspeita de uso de drogas não é motivo suficiente para a realização do teste, porque as pessoas podem ser parciais ao suspeitar de um indivíduo e não de outro.

Uma vez que o vício em drogas costuma incluir a tendência a esconder a atividade ou mentir sobre ela – principalmente para pessoas que têm poder de demitir o funcionário ou mandá-lo para a prisão –, as empresas e os líderes muitas vezes se vêem na difícil situação de não conseguir descobrir algo que precisam muito saber: se determinado funcionário é viciado em drogas ou álcool.

Empresas de transporte e empreiteiras têm programas bastante estruturados e controlados para cuidar desses assuntos. Uma solução – um pouco cara e possivelmente incompatível com a cultura de sua empresa – é adotar a mesma política que essas companhias. Um consultor de recursos humanos pode ajudar a desenvolver e implementar tais programas.

A maioria das vezes, no entanto, empresas pequenas não se preocupam com esse assunto ou não acham que podem arcar com os custos de tais programas. Certa vez, uma empresa pequena teve problemas com um funcionário suspeito de ser viciado em drogas. A solução que encontrou foi, em primeiro lugar, implementar a política de que qualquer funcionário poderia ser demitido por uso de substâncias ilegais e, depois, fazer o teste em toda a equipe. Todo esse processo foi caro, mas estabeleceu a justiça necessária para a defesa da empresa no caso de uma ação legal. Nem mesmo essa solução pode ser aplicada em todas as circunstâncias, por isso, se você se encontrar em uma situação na qual o problema chegue antes de a política empresarial ser implementada, consulte profissionais que sejam especialistas em questões de recursos humanos e jurídicas relacionadas ao uso de álcool ou drogas.

Quando um membro da equipe não consegue resolver uma situação difícil, mesmo depois de receber um objetivo definido, passos nítidos a seguir e orientação, então claramente existe falta de motivação ou algum tipo de impedimento ao sucesso. Se o problema for falta de motivação, nossa tarefa como líderes é deixar a situação clara a ponto de o funcionário saber as conseqüências de suas ações e se tornar motivado ou não. Depois disso, respondemos de acordo com a atitude do funcionário. Se ele se motivar, a situação difícil é resolvida. Se não, temos três escolhas: conviver com o problema, mudar a situação (por exemplo, recolocando o membro da equipe em outro departamento) ou demiti-lo.

Se o problema for alguma barreira ao sucesso, esse empecilho deve estar na comunicação, na administração ou pode ser um empecilho psicológico. As soluções apresentadas neste livro se referem à comunicação e às barreiras administrativas e ajudam a removê-las. Se o problema persistir mesmo depois de você ter se esforçado ao máximo, pode ser psicológico. O que queremos dizer quando afirmamos que o funcionário tem um problema psicológico? Que, devido a um problema mental ou emocional, ele é incapaz de realizar determinada tarefa em uma situação na qual um funcionário razoável e capaz conseguiria cumprir o objetivo.

E se for comigo?

Às vezes, um membro da equipe não consegue resolver uma situação porque o chefe – você – tem um problema psicológico. O que fazer quando nossas manias – o hábito de ficar nervoso ou a tendência a evitar encarar os problemas de modo claro – impedem nossos funcionários de fazer seu trabalho?

Em primeiro lugar, é importante abordar a nós mesmos sem críticas ou acusações. Todos temos problemas e dificuldades. Toda personalidade tem forças e fraquezas. Pessoas diretas costumam ficar bravas, e pessoas gentis costumam ser indiretas. E tanto a raiva quanto a atitude indireta causam problemas à equipe.

Se um membro da equipe nos acusar de ter um problema psicológico ou se nos tornarmos preocupados com isso, um bom começo é conversar com um amigo ou terapeuta de nossa confiança. Um ponto de vista novo é muito importante. Quando fiz isso, descobri que uma destas três coisas pode acontecer:

- *Confirmação*. O amigo ou o terapeuta oferece o próprio ponto de vista, dizendo que estamos no caminho certo, que estamos sendo razoáveis e podemos voltar à situação com confiança renovada.

- *Uma perspectiva original.* Às vezes, uma pessoa diferente oferece uma idéia diferente. Ela pode ver as coisas de maneira completamente diversa, que ajude a reduzir a tensão ou torne a situação mais clara.
- *Apoio.* Se de fato estivermos muito estressados ou precisarmos analisar alguma questão mais profunda dentro de nós mesmos, então foi bom termos dado um passo à frente e consultado alguém em quem confiamos. Depois, precisamos tomar coragem para dar o próximo passo: enfrentar o problema e procurar a ajuda de que precisamos.

Uma situação que parece simples, mas não se resolve depois de diversas tentativas, apesar de o funcionário estar comprometido e disposto e combinar com o trabalho, é um sinal de possíveis sintomas psicológicos. Veja alguns outros:

- qualquer sinal de grande estresse, como ausências não justificadas ou incapacidade prolongada de se concentrar;
- incapacidade de compreender instruções simples;
- incapacidade de realizar um trabalho produtivo;
- estresse de nossa parte. Por mais estranho que pareça, devido à empatia – a capacidade de sentir o que os outros estão sentindo –, um sinal do desequilíbrio psicológico de um membro da equipe é nossa reação a ele. Se fico bravo ou confuso sempre que estou com uma pessoa – ou logo depois de encontrá-la – e não consigo encontrar uma razão para isso em mim mesmo, pode ser um sinal de que a pessoa está tendo um problema.

Compreendendo sintomas psicológicos

Atualmente, as pessoas utilizam uma linguagem muito psicológica. Dizemos "Estou deprimido" quando queremos dizer "Estou triste". Como líderes, precisamos compreender duas coisas.

Em primeiro lugar, sintomas psicológicos são simplesmente versões mais severas ou mais duradouras de sentimentos que todos temos. Todos temos ataques de raiva e mudanças de humor. Os problemas psicológicos envolvem ataques de raiva muito fortes, mudanças severas de humor ou a incapacidade de sair de determinado estado de espírito. Todos pensamos em coisas e fazemos coisas. Quando uma pessoa não consegue parar de pensar ou de fazer determinadas coisas, tem um problema psicológico chamado transtorno obsessivo-compulsivo (TOC) – como o personagem principal da série de TV *Monk*. E assim por diante.

Em segundo lugar, sintomas psicológicos podem surgir por diversos motivos; distúrbios psicológicos são apenas uma das causas possíveis. Estas são algumas fontes comuns de sintomas psicológicos ou mentais:

- *Processos psicológicos saudáveis.* Se alguém perde o pai, o parceiro, um membro da família ou até mesmo um animal de estimação, vivencia o luto, que é um processo saudável, mesmo que os sintomas sejam parecidos com os da depressão.
- *Distúrbios cerebrais.* Transtorno do déficit de atenção (TDA) e transtorno do déficit de atenção com hiperatividade (TDAH) podem ocorrer tanto em adultos quanto em crianças e são uma grande fonte de problemas profissionais. Quem sofre desses distúrbios não tem um problema psicológico, e sim um transtorno químico cerebral.
- *Efeitos colaterais de remédios.* Um membro da equipe pode estar fazendo uso de remédios que causam sonolência, incapacidade de concentração, ansiedade e outros sintomas mentais.
- *Alergias.* Alergias – a pólen, produtos químicos ou alimentos – podem ter sintomas como ataques de fúria, hiperatividade e incapacidade de concentração.
- *Doenças e dor.* Doenças como hipoglicemia – baixo índice de açúcar no sangue – podem causar incapacidade de concentração. A dor

física, causada por doença ou lesão, também pode levar à incapacidade de se concentrar.
- *Estresse crônico.* O estresse crônico pode causar sintomas psicológicos. A verdadeira solução é aliviar o estresse, seja no trabalho ou em casa. A situação estressante pode ser psicológica – como problemas conjugais –, física ou social – como ter um membro da família muito doente.
- *Distúrbios mentais.* A forma mais severa de distúrbio mental é o transtorno de estresse pós-traumático, normalmente associado a sofrer abuso sexual, sobreviver a um ataque ou testemunhar os horrores da guerra ou do terrorismo. Mas o transtorno de estresse pós-traumático também pode ocorrer em decorrência de situações estressantes no ambiente de trabalho, incluindo assédio moral e discriminação. Como líderes, devemos trabalhar para criar um ambiente de trabalho saudável e livre de acusações, onde esses problemas não ocorram. Devemos ainda ficar atentos a evidências de que algum funcionário possa estar enfrentando ou ter sobrevivido a abusos que afetem o desempenho no trabalho.
- *Doenças psicológicas.* Se os sintomas psicológicos existem e não foram causados por nenhum dos motivos acima, a pessoa pode ter uma doença psicológica, como depressão, transtorno obsessivo-compulsivo ou transtorno bipolar (antes chamado de psicose maníaco-depressiva). Tais problemas podem ser tratados e controlados com remédios e terapia.

A lição: O campo dos sintomas psicológicos e suas causas é extremamente importante. Não podemos ajudar muito os membros de nossa equipe no que concerne a essas questões, porque não temos conhecimento suficiente e porque, para ajudá-los, teríamos que saber coisas pessoais deles que nós, como chefes, não devemos saber. Se o problema ultrapassar o que pode ser controlado pela empresa, devemos incentivar o funcionário a obter a ajuda que puder – e fazer essa recomendação de modo vago, não específico. Se você tiver alguma história para contar sobre como um médico ou psicólogo foi útil para você ou para alguém que você conhece, conte-a, por dois motivos: para evitar se envolver demais na situação do funcionário e para incentivar a idéia de que é normal e saudável procurar ajuda quando necessário.

Um transtorno psicológico não é motivo para uma ação disciplinar ou demissão. Na verdade, se tomarmos conhecimento do diagnóstico de um funcionário, talvez tenhamos que deixar esse fato registrado no RH. Isso cria uma situação estranha. O funcionário pode se sentir pressionado a manter um problema de saúde em segredo, por medo de represália, assédio ou críticas, e ao mesmo tempo pode se sentir pressionado a contar o problema ao empregador para poder receber auxílio do governo. Por esse motivo, o departamento de recursos humanos deve ser envolvido quando uma doença psicológica – ou qualquer mal crônico – se tornar um problema.

No entanto, o RH é apenas parte da solução. Aqui estão algumas coisas que nós, líderes, podemos fazer em relação aos problemas psicológicos de nossos funcionários:

- Manter descrições claras e objetivas de tarefas que exijam um comportamento específico e atitudes definidas. Isso pode ajudar a estabelecer motivos profissionais para pedir a realocação do funcionário – ou para demiti-lo, se preciso –, independentemente do diagnóstico psicológico ou de uso de drogas.
- Reduzir o estresse no escritório, dando às pessoas tarefas claramente definidas e recompensas adequadas.
- Assumir um papel ativo ao incentivar a participação da equipe em programas de treinamento sobre assédio sexual, diversidade, controle da raiva, redução do estresse e outros assuntos importantes.
- Manter contato regular com a equipe, pelo menos uma vez por semana. Estabeleça uma política de portas abertas. Resolva questões

complicadas com a equipe – sejam pessoais ou interpessoais – de modo rápido e justo.
- Cuidar, mas não infantilizar. Trate os funcionários como adultos. Simplesmente seja uma pessoa atenciosa, que respeita a habilidade de cada um de cuidar de si e resolver problemas.

Administração compassiva

A vida é um fluxo de alegria – e é cheia de problemas. Como líderes, nosso principal foco deve ser a produtividade, o trabalho e os resultados. Ao mesmo tempo, os funcionários nos procuram para expor seus problemas, principalmente se mantivermos as portas abertas e expressarmos respeito pelas pessoas e confiança na capacidade que elas têm de resolver contratempos.

Em relação a situações difíceis em geral, nosso foco deve ser a prevenção e a detecção precoce de problemas. Quando o problema surgir – e, se a empresa tem funcionários, problemas sempre vão surgir –, devemos abordá-lo sem acusações, com respeito pelo membro da equipe que vai precisar resolvê-lo – e que tem a capacidade de resolvê-lo.

Além disso, o equilíbrio é importante. Precisamos ser capazes de apontar problemas e apoiar os membros da equipe em seus esforços para encontrar soluções, sem tornar nossas as dificuldades deles. Já temos problemas suficientes e, quando os resolvemos, temos muito trabalho a fazer. Nos melhores ambientes de trabalho, as pessoas crescem juntas, resolvendo os próprios problemas e seguindo em frente em busca de novos desafios.

21
APRENDENDO A LIDERAR

Por que devemos procurar soluções perfeitas? Apenas para atravessar o dia de maneira um pouco melhor e retirar alguns empecilhos do caminho de nossa equipe? Não, é mais que isso. Oferecer a solução perfeita a uma situação difícil aumenta a confiança da equipe em nós. E nos dá mais tempo para passar do gerenciamento – prevenir e resolver problemas – à liderança.

Um líder é alguém que tem seguidores. Sua equipe vai segui-lo? Fará um esforço extra quando as coisas ficarem difíceis? Os funcionários mais experientes vão tentar coisas novas, e os mais novos vão estar dispostos a fazer as coisas da sua maneira? Cada pessoa da equipe vai se tornar autogerenciada, dando idéias criativas e trabalhando em equipe, sob sua orientação, rumo a novas direções? Se essas coisas estiverem acontecendo, você é um líder.

Uma boa empresa é uma equipe bem-sucedida. Uma equipe bem-sucedida tem duas qualidades básicas: capacidade de atingir objetivos e habilidade de trabalhar em união. Como líder de nossa equipe, damos a direção – definindo as metas – e criamos e cuidamos da equipe.

Neste capítulo, exploramos cinco habilidades essenciais de liderança:

- *Estabelecer a direção.* Com a ajuda da equipe, definimos um conjunto de objetivos que são bons para a empresa e para os clientes. Depois, inspiramos a equipe a alcançá-los – e a melhorá-los.

- *Comunicar e agir.* A comunicação encontra boas idéias – boas soluções para os problemas. Mas também precisamos saber como avançar de conhecer uma boa solução para implementá-la, entrando em ação e garantindo que aquela boa idéia se torne realidade.
- *Ajudar as pessoas a se motivar.* Se tentarmos motivar nossa equipe, vamos fracassar – e nos estressar. Mas podemos ajudar a equipe a se concentrar nas tarefas e a se conectar com o próprio desejo de realizar um bom trabalho.
- *Formar e cultivar a equipe.* A equipe tem vida. Precisamos unir as pessoas certas, dar o que elas precisam, aparar suas arestas e treinar seus hábitos, além de substituir ou acrescentar pessoas para que a equipe possa se manter forte e crescer.
- *Expandir horizontes.* Quando a equipe está trabalhando muito bem, com boa liderança, ela cresce e pode ser fonte de inovações e melhorias.

Estabelecer a direção

Em qualquer empresa, os executivos estabelecem as estratégias. As *estratégias* começam com os valores – o que importa para a empresa – e definem os objetivos que acrescentam valor. Se você ajuda a estabelecer objetivos para a empresa ou a equipe, faz parte do processo estratégico. E, se incluir os membros de sua equipe, também os incluirá na estratégia. Empresas que permitem que os gerentes e suas equipes dêem contribuições em relação às estratégias costumam ser bem-sucedidas. Seus objetivos são mais realistas, porque os funcionários, que conhecem como é o trabalho, auxiliaram no processo. Além disso, as equipes ficam mais motivadas, porque ajudaram a estabelecer a direção.

Se sua empresa não lhe dá a oportunidade de estabelecer estratégias, você ainda assim tem um trabalho a fazer: *estabelecer a direção para sua equipe.* Isso inclui:

- definir objetivos em linguagem simples e certificar-se de que todos os tenham entendido;
- priorizar e programar esses objetivos, para que as pessoas saibam quando fazer o que, e para que os prazos e as metas sejam cumpridos;
- ajudar os membros da equipe a permanecer motivados ao fazer sua parte para atingir objetivos e metas;
- assumir uma posição proativa e responsiva – uma atitude de "é possível" –, removendo empecilhos para que os membros da equipe possam atingir os objetivos propostos.

Todas essas atividades formam a boa liderança. Também dão o exemplo de uma boa liderança, mostrando à equipe como se tornar mais eficiente.

Comunicar e agir

Quando dou aulas de gerenciamento, enfrento dificuldades para convencer as pessoas de que reuniões eficientes são possíveis – e são mesmo. Em geral, em uma classe de trinta pessoas, apenas uma já participou de reuniões eficientes e conhece a diferença que elas fazem. Mas quem já participou de reuniões desse tipo sabe que elas fazem toda a diferença. Quando temos reuniões eficientes com nossa equipe, detectamos e resolvemos situações antes de se tornarem difíceis.

Podemos garantir que as reuniões sejam eficientes com três passos:

- *definir objetivos claros para todas as reuniões*, entregando uma programação à equipe com antecedência;
- *obter* feedback *sobre as comunicações*. Usando técnicas como a do espelhamento e a da escuta ativa, garanta que cada pessoa tenha compreendido quem está falando;

- *obter* feedback *eficiente para controlar ações futuras.* Uma reunião não termina com boas idéias – ou estas terminarão na reunião. Cada idéia precisa se tornar uma decisão e depois um item de ação.

Um item de ação tem os seguintes elementos: uma pessoa que assume a responsabilidade por fazer o trabalho, a descrição do trabalho, o objetivo e uma data de finalização. Uma reunião que termina com itens de ação é eficiente porque muda o trabalho que vamos fazer, para que possamos resolver situações difíceis e obter melhores resultados.

Os dois níveis de *feedback*

Há pouco tempo, fui jantar em um restaurante chinês. O garçom era excelente na escuta ativa e no *feedback* de nível 1, para comunicações. Pedi a entrada número 6 e ele disse: "O frango com alface?" Respondi que sim e pedi os pratos principais.

Os pratos vieram, mas a entrada, não. Depois de alguns minutos, chamei o garçom e perguntei o que havia acontecido. Ele checou a comanda e pediu desculpas – havia esquecido de incluir a entrada no pedido. Falhou no *feedback* de nível 2 – ações que geram os resultados desejados.

A lição: Boa compreensão não basta – também é preciso agir e obter os resultados desejados.

AJUDAR AS PESSOAS A SE MOTIVAR

Aqui estão sete coisas que podemos fazer para ajudar as pessoas a se motivar:

- definir as tarefas de modo claro, com um ponto de partida, um fim e direções nítidas;

- informar aos membros da equipe as conseqüências do sucesso e do fracasso para a empresa;
- oferecer incentivos. Informe aos funcionários quais são as conseqüências do sucesso e do fracasso para eles, mas antes certifique-se de que elas estejam de acordo com as políticas da empresa;
- remover empecilhos. Se alguma coisa que esteja fora do controle do funcionário atrapalhar, tire-a do caminho;
- elogiar pequenos sucessos;
- deixar que as pessoas planejem o próprio trabalho e decidam sozinhas qual é a melhor maneira de realizar uma tarefa;
- aumentar a autonomia. Conforme os membros da equipe se tornam bem-sucedidos, dê a eles trabalhos maiores e mais complicados e mais poder de decisão em relação ao que e como fazem.

FORMAR E CULTIVAR A EQUIPE

Conforme os membros da equipe se tornam mais independentes e se comunicam melhor, a equipe fica mais forte. Existe uma qualidade importante chamada *robustez*. Uma equipe é robusta quando consegue lidar com mudanças de direção e problemas inesperados, se ajustar bem e se manter no caminho – ou estabelecer um novo caminho, se necessário. Se alguns membros da equipe ficarem presos em um caminho e não colaborarem, a equipe não pode se tornar robusta. Por outro lado, se todos eles gostarem de desafios, de enfrentar novas situações e estiverem dispostos a fazer sua cota de tarefas maçantes para que o trabalho seja realizado, então a equipe é robusta.

Avalie sua equipe:

- *A equipe como um todo tem as habilidades e o conhecimento necessários para fazer o trabalho?* Se não, melhore as habilidades dela por meio de treinamento ou com a contratação de outra pessoa.

- *A equipe é flexível?* Os funcionários conhecem as tarefas uns dos outros bem o bastante para substituir qualquer pessoa que se ausente? Estão dispostos a fazer isso? Ou insistem em fazer apenas o próprio trabalho?
- *A equipe é forte?* É capaz de lidar com ocasionais cargas extras de trabalho? Ou todos já estão pressionados ao máximo? Se a empresa gerencia suas equipes com constantes sobrecargas de trabalho, a longo prazo isso vai causar problemas.

Ao formar a equipe, escolha pessoas que tenham as habilidades técnicas para realizar o trabalho e que também tenham a capacidade de se dar bem umas com as outras. Ao cultivar a equipe, continue a se concentrar nessas habilidades. Qualidades importantes são:

- capacidade de ouvir;
- habilidade de expressar idéias, por escrito ou verbalmente, individualmente ou em grupos;
- autogerenciamento – capacidade de assumir uma tarefa e alcançar bons resultados, dentro do prazo e com os recursos disponíveis.

As soluções sugeridas ao longo deste livro exemplificam, ensinam e incentivam o autogerenciamento. Em nossa cultura, escutar é uma habilidade mal treinada e mal cultivada. Assim, ensinar as pessoas a ouvir traz enormes benefícios à equipe. Quando elas escutam bem, tornam-se uma boa platéia. Isso faz com que todos expressem suas idéias de maneira melhor. De modo geral, cada um tem sua maneira preferida de se comunicar – escrevendo, conversando com uma pessoa ou com um grupo –, e é melhor que cada um priorize essa força. Se o funcionário estiver comprometido com o desenvolvimento profissional, aprender uma nova habilidade de comunicação – como escrever melhor ou falar em público – será um desafio gratificante.

Expandir horizontes

Quando somos robustos e estamos dispostos a lidar com o que aparecer, estamos prontos para crescer – e o mesmo se aplica a nossa equipe. Quando a comunicação é fácil e fluida e os membros da equipe fazem seu trabalho e ajudam uns aos outros, a equipe pode fazer mais. O que mais? Depende do que a empresa precisa. Faz sentido se concentrar na melhoria de produtos, aumentar a produtividade, resolver um projeto há tempos em desenvolvimento ou lançar um novo produto?

Não sei – mas certamente sua equipe sabe. Quando a equipe trabalha bem, ela se torna uma fonte de inovações e melhorias. Você pode crescer com sua equipe conduzindo sessões de *brainstorming* que tenham foco na estratégia – ou seja, em estabelecer novas direções para o trabalho e para a equipe.

Os indivíduos podem crescer também. Você e os membros de sua equipe podem receber promoções a novos cargos ou novos departamentos. Vão trabalhar com novas pessoas, fazendo coisas novas. E, inevitavelmente, vão enfrentar problemas e procurar a solução perfeita para uma situação difícil.